초등학생이 알아야 할
참 쉬운
철학

조던 악포자로,
레이첼 퍼스,
미나 레이시 글

닉 래드퍼드 그림

알렉스 카이저만 감수
송지혜 옮김

차례

철학이 뭐예요? ... 4
철학의 세계 ... 6
철학 하기 ... 8
논증하는 방법 ... 10
사고 실험 ... 12
왜 철학을 해야 하나요? ... 14

1장 우리는 어떻게 지식을 얻을까요? ... 17
우리는 어떻게 우리 주변의 세상에 대해 알까요?
우리가 모든 것을 안다고 확신할 수 있을까요?

2장 마음이 있다는 건 무엇을 의미할까요? ... 29
우리의 마음은 몸과 어떻게 다를까요?
우리는 마음을 통제할 수 있을까요?

3장 아름다움이란 무엇일까요? ... 41
예술이란 무엇일까요?
왜 아름다움에 대해 설명하는 게 쉽지 않을까요?

4장 신은 존재할까요? ... 53
어떻게 신의 존재를 증명할 수 있을까요?

5장 어떤 정치가 가장 좋은 걸까요? ... 65
모든 사람에게 공정하고 행복한 사회, 모두가 동의하는 규칙이 있을까요?

6장 어떻게 사는 것이 옳을까요? ... 77
무엇이 옳은 선택인지 확신할 수 없을 때, 철학이 답을 찾아 줄 수 있을까요?

7장 시간이란 무엇일까요?   93
모든 것이 시간이 흐르면 변할까요?
어느 정도 변해도 여전히 같은 것으로 여겨질까요?

8장 논리와 언어에 규칙이 있을까요?   105
만약 사람들이 단어가 나타내는 의미에 항상 동의하지 않는다면,
어떻게 대화를 할 수 있을까요?

9장 삶의 의미는 무엇일까요?   113
철학은 단지 세상에 관해 던지는 질문일 뿐일까요?
아니면 삶의 방식이 될 수 있을까요?

이제 무엇을 해야 할까요?   120
풀리지 않은 수수께끼   122
낱말 풀이   124
유명한 철학자들   125
찾아보기   126
만든 사람들   128

인터넷에서 자료 찾기

어스본 바로가기(usborne.com/quicklinks)에 방문해서
검색창에 **'Philosophy for beginners'**를 입력해 보세요.
소크라테스와 플라톤 등 유명한 철학자들에 관해 찾아보거나 여러 가지 활동과
자료를 얻을 수 있어요. 다만 연결되는 웹사이트는 모두 영문으로 제공된답니다.

우리가 추천하는 웹 사이트에서는 다음과 같은 활동을 해 볼 수 있어요.
· 철학에 관한 다양한 동영상 보기
· 철학자처럼 생각해 볼 수 있는 게임 해 보기

철학이 뭐예요?

철학은 사물에 대해 생각하는 방식이에요. 철학자들은 우리를 둘러싼 세상은 어떻게 생겼는지, 아름다움이란 무엇인지, 신이 존재하는지 등 **매우 큰** 주제에 대해 궁금해하고, 진실을 알아내기 위해 **다양한** 질문을 던지지요.

하지만 철학은 철학자만 하는 것이 아니에요.
우리가 하는 질문 중에도 철학이 숨어 있답니다.

철학의 세계

철학은 매우 다양한 주제를 다루기 때문에 여러 분야로 나누어져요.
철학이 다루는 몇 가지 질문들을 살펴볼까요?

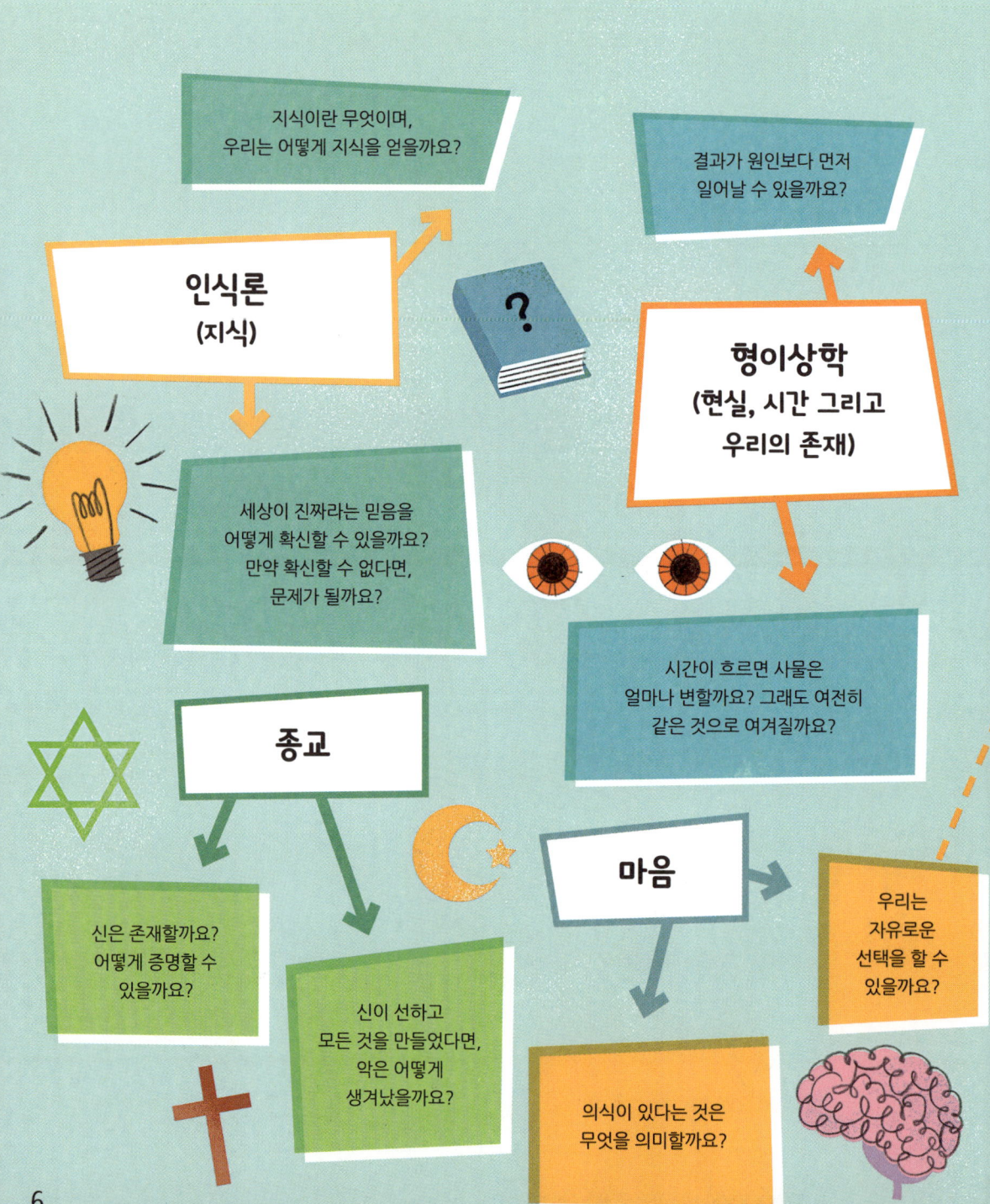

도덕적으로 옳은 일이란 무엇일까요?

우리는 왜 환경에 관심을 가져야 할까요?

윤리학 (도덕론)

우리의 판단과 상관없이 옳고 그른 것이 있을까요?

자유 의지가 없다면 내가 하는 일에 책임질 수 있을까요?

미학 (아름다움과 예술)

아름다움이란 무엇일까요?

예술이란 무엇일까요?

자유란 무엇일까요?

정치 이론

참과 거짓이 동시에 성립하는 문장이 있을까요?

어떤 정부가 가장 좋은 정부일까요?

사람들이 물건을 소유해도 될까요?

논리와 언어

단 한 사람만 이해하는 언어가 존재할 수 있을까요?

철학 하기

철학자들은 **모든 것**에 의문을 가져요.
철학자들은 여러 생각, 개념, 이론, 논증을 향해 질문을 던지지요.
심지어 다른 철학자들의 질문에 또다시 질문을 던지기도 해요.

- 질문이 왜 그렇게 많은 거야? 정말로 하고 싶은 말이 뭘까?
- 철학을 할 때는 그 어떤 것도 당연하게 받아들이면 안 된다는 거야.
- 우리가 확실하게 믿는 사실조차도?
- 그래. 그런 것들을 특히 더 당연하게 생각하면 안 된다는 거지.
- 예를 들어 설명을 좀 해 줘.
- 내일 태양이 떠오를 거란 걸 어떻게 알 수 있어?
- 글쎄, 항상 그래 왔으니까.
- 좋아. 그럼 태양이 떠오르지 *않을* 거라고 상상할 수 있겠니?
- 응, 아마도.
- 네가 상상할 수 있다면, 넌 태양이 떠오르지 *않을* 가능성에 동의하는 거야.
- 음, 그으래…….
- 그렇다면 넌 태양이 떠오를 것이라는 사실을 *확실히* 알 수 없는 거야.
- 알겠어. 그렇지만 꼭 확신해야 해? 난 여전히 태양이 뜰 것 같은데!
- 하지만 '그럴 것 같은' 일을 믿을 만한 타당한 이유가 있어?

무슨 말인지 잘 모르겠는걸!

걱정하지 마. 나중에 태양이 떠오르는 문제에 관해 다시 이야기할 테니까(107쪽을 보세요). 중요한 건, 너에게 철학을 하는 요령이 생긴 것 같다는 거야.

정말?

그래! 우리가 방금 나눈 대화는 현실적인 철학이었어. 철학은 어려운 게 아니야. 특히 우리가 지금 한 것처럼 질문과 답을 하는 방식인 '문답법'으로 접근했을 땐 말이야.

문답법은 수천 년 전 고대 그리스에서 시작되었어요.
철학자 소크라테스가 사용한 것으로 유명해서 **소크라테스 방법**으로도 불려요.
'철학'이라는 단어는 고대 그리스어로 '지혜에 대한 사랑'을 의미해요.
철학을 잘할 수 있는 방법 두 가지를 알려 줄게요.

소크라테스 ←

우선, 누군가가 이야기할 때 주의 깊게 들어요.

두 번째, 정중하게 행동해요. 비록 나와 의견이 다르더라도, 차분하고 냉철한 자세로 자신의 생각을 표현하거나 다른 사람에게 질문을 던져요.

논증하는 방법

철학을 할 때는, 상투적인 질문을 던지는 것으로는 부족해요.
제대로 논증하는 방법을 알아야 하지요.
논증이란, 옳고 그름을 따져서 증명하는 일이에요.
따라서 논증을 참과 거짓으로 판단할 수 있는 여러 방법을 알아두면 좋아요.

논증은 철학을 하는 데 아주 중요한 도구예요.
논증은 **전제**와 **결론**, 두 가지 구성 요소로 이루어져요.

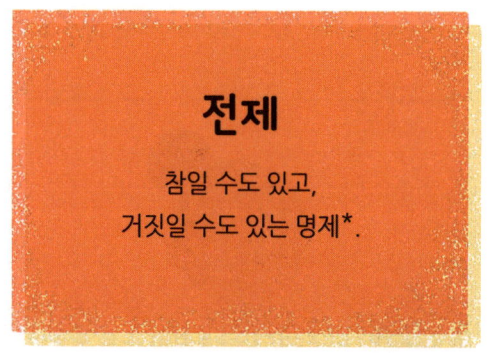

전제
참일 수도 있고,
거짓일 수도 있는 명제*.

결론
하나 이상의 전제로부터
이끌려 나온 명제.

*철학에서는 문장이나 식을 '명제'라고 불러요.

좋은 논증이 되려면, 결론을 믿을 수 있도록 전제가 잘 뒷받침해야 해요.
논증을 몇 개 살펴볼까요? 여기에 나오는 논증이 모두 좋은 논증은 아니에요.

	전제 1	전제 2	결론
A	모든 공은 둥글다.	이것은 공이다. 따라서…	이 공은 둥글다.
B	갈색 머리를 가진 사람은 모두 갈색 눈을 가진다.	이 사람은 갈색 머리다. 따라서…	이 사람은 갈색 눈을 가졌다.
C	모든 고양이는 동물이다.	내 애완 쥐는 동물이다. 따라서…	내 애완 쥐는 고양이다.

철학자들은 **논리**라고 알려진 규칙 체계를 사용하여 논증을 검토해요.
만약 전제가 참이고, 그 결과로 나온 결론이 타당하다면, 그것은 좋은 논증이지요.
여러분은 논증 B와 C가 무언가 잘못되었다는 것을 눈치 챘을 거예요.
B와 C가 나쁜 논증인 이유는 두 가지예요.

B는 하나의 전제 즉, 전제 1이 거짓이기 때문에 나쁜 논증이에요.

갈색 머리를 가진 사람은 모두 갈색 눈을 가진다는 말은 거짓이에요.

전제 1이 거짓이라는 사실을 눈치 챘다면,
결론을 더 이상 믿을 필요가 없어요.
이런 논증을 '**건전하지 않은 논증**'이라고 해요.

C는 결론이 전제를 따르지 않기 때문에 나쁜 논증이에요.

전제 1과 2가 참이라는 것은 동의해.
하지만 결론이 전제들을 따르지 않아.

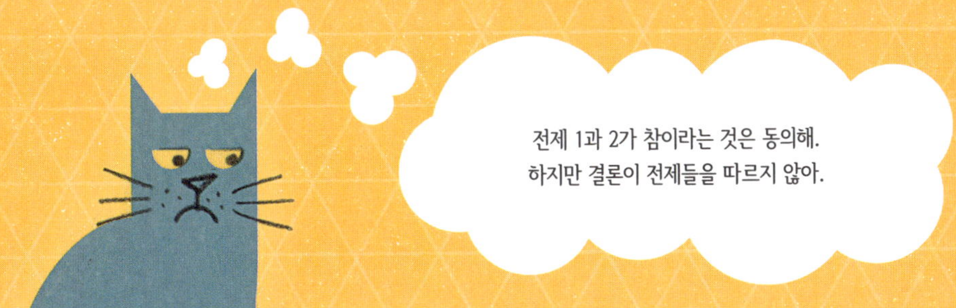

이런 논증을
'**부당한 논증**'이라고 해요.

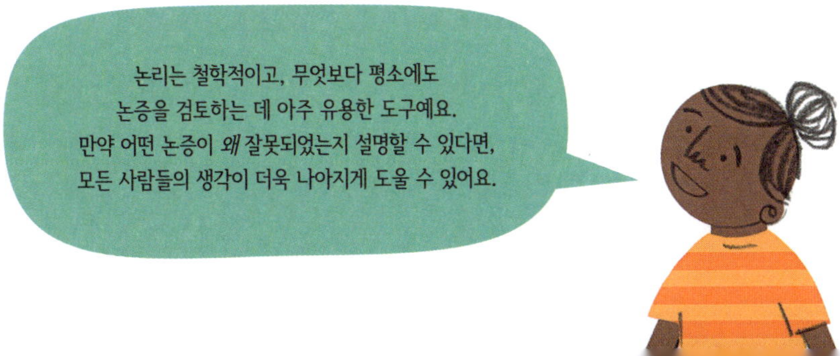

논리는 철학적이고, 무엇보다 평소에도
논증을 검토하는 데 아주 유용한 도구예요.
만약 어떤 논증이 *왜* 잘못되었는지 설명할 수 있다면,
모든 사람들의 생각이 더욱 나아지게 도울 수 있어요.

사고 실험

철학의 또 다른 중요한 도구 중에 **사고 실험**이 있어요.
이것은 '만약에'라는 가정으로 시작해, 계속 질문을 하는 거예요.
단, 주의하세요. 사고 실험은 아주 기괴한 상황을 상상하게 만들 수 있으니까요.

> 만약에 내가 몸을 가진 존재가 아니라, 몸을 가지고 있다고 *생각하는* 통 속에 든 뇌에 불과하다면?

> 만약에 내가 한 명의 사람을 죽여야 열 명의 사람을 구할 수 있다면, 어떻게 해야 할까? 만약, 그 한 사람이 내 가족이라면?

> 만약에 누군가가 원해서 감옥에 들어갔고 감옥에서 나가고 *싶어 하지 않는다면*, 그 사람에게 자유가 있는 걸까?

> 만약에 숲에서 나무 한 그루가 쓰러졌는데 아무도 그 소리를 듣지 못했다면, 그 소리는 존재하는 것일까?

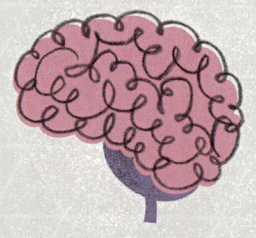

좋은 사고 실험은 첫 번째 대답에 대해 새로운 질문을 던지며, 계속 질문과 대답의 길로 우리를 이끌어 주어요. 사고 실험에서는 일어날 법하거나 물리적으로 가능한 상황만 묘사할 필요는 없지만, 가정이 논리적으로 타당해야 해요. 예를 들어, 사각형 원을 상상해 보라는 것은 좋은 가정이 아니에요.

동일성에 관한 생각에 질문을 던지는 사고 실험을 한번 해 보아요.

> 넌 이 곰 인형을 오랫동안 가지고 있었다고 말했지. 왜 이 곰 인형이 아기 때 받은 것과 같은 거라고 생각하는 거야?

> 글쎄, 똑같아 보이니까……. 모든 부분이 다 똑같잖아.

> 좋아. 하지만 만약 시간이 흐르면서 곰 인형의 일부가 해어지면 어쩌지? 닳은 부분을 새로운 부분으로 바꿨다고 상상해 봐.

> 실제로 그렇게 했어.

> 자, 이제 곰 인형에 원래 부분이 아무것도 남지 않았다고 상상해 봐. 그래도 정말 같은 곰 인형이라고 말할 수 있을까?

> 확실하지는 않지만, 그렇다고 생각해. 분명 무언가 바뀔 수는 있지만 여전히 같은 인형이야.

> 좋아. 이제 원래 부분이 닳지 않았지만 새 부분으로 바꾸고, 원래 부분들을 서랍 안에 보관하고 있었다고 상상해 봐. 몇 년 후에 이 부분들로 원래의 곰 인형과 똑같은 곰 인형을 만들었어.
>
> 하지만 만약 그렇다면? 네가 아기였을 때 받은 곰 인형은 *어느 것*일까?

> 그럴 일은 절대 없을 거야!

새 부분으로 바꾼 '원래' 곰 인형일까?

아니면 원래 부분으로 만든 '새' 곰 인형일까?

> 이런, 생각을 좀 해 봐야겠는걸.

곰 인형 대신 *나 자신*을 넣어 비슷한 질문을 이어갈 수도 있어요. 자세한 내용은 96~99쪽을 보세요.

왜 철학을 해야 하나요?

누군가가 연설을 하고 있고, 우리는 그 사람을 지켜보는 사람들 중 한 명이라고 상상해 보세요. 아마 지켜보는 많은 사람들이 자신도 깨닫지 못한 사이에 '철학을 하고' 있을 가능성이 있어요.

사람들이 뉴스와 연설을 듣고 생각을 하고 있어요. 사람들의 질문에는 분명한 답이 없을 수도 있지만, 단지 질문하고 토론하는 것만으로도 사회의 미래를 바꿀 수 있어요. 이런 것을 '실용적 철학'이라고 해요.

그럼 질문을 할 때마다 철학을 하고 있다는 뜻이야?

아니. 모든 질문이 철학적인 건 아니야. 하지만 아주 본질적인 생각에 대한 질문들은 대부분 철학적이지.

예를 들어서?

'좋다'와 '나쁘다'라는 단어는 정말로 무엇을 의미할까? 이와 같은 질문들 말이야.

어떤 것이 좋고 어떤 건 나쁜지, 또는 어느 쪽이든 상관없는지 어떻게 알 수 있지?

좀 성가시고 어려운 질문처럼 들리는걸.

철학은 어렵다고 알려져 있지. 하지만 철학이 다루는 대부분의 생각은 이해하기 *어렵지 않아*. 집중만 한다면 말이야.

논증할 때는 정확한 단어를 사용하는 것이 중요해. 그래서 철학자들은 주의 깊게 듣고, 읽고, 또 정확한 단어를 선택하지.

왜 그렇게까지 하는 거야?

논증을 하는 데는 시간이 걸리지만, 이 과정은 매우 흥미롭고, 논증을 완료했을 때 느끼는 만족감이 커. 우리가 현실 세계의 문제들을 더 잘 이해하는 데 도움을 주기도 하지.

모든 사람이 철학이 문제를 해결해 준다고 생각하지 않아요. 하지만 철학이 **어떠한** 상황에서도 나쁜 논증 중에서 좋은 논증을 구별하는 생각의 도구를 제공한다는 점은 누구나 동의하지요.

우리의 마음 밖에 진짜 세상이 있나요? 그것을 증명할 수 있나요?

가장 기본적인 사실은 무엇인가요?

내가 믿는 것이 사실인지 어떻게 알 수 있나요?

우리는 어떻게 지식을 얻을까요?

사람들이 지식에 관해 이야기할 때, '지식'이란 말이
항상 같은 의미는 아니에요. 아마도 무언가를 하는 방법을 *안다거나*,
어떤 사람이나 어떤 물건을 *안다거나*,
또는 무엇이 사실인지 *안다*는 것에 관해 이야기하고 있을 거예요.

이 중에서 철학자들은 주로 마지막 유형의 **사실**에 대한
지식에 관심을 가져요. 철학자들은 이런 질문을 던져요.
우리는 사물을 어떻게 알 수 있을까요? 지식이란 무엇일까요?
우리는 *정말 모든* 것을 알 수 있을까요?

우리는 정말 모든 것을 알 수 있을까요?

아마도 여러분은 '물론 가능해요.'라고 대답하고 싶을 거예요.
하지만 모든 것을 알 수는 없다고 설득할 수 있는 꽤 강력한 논증이 있어요.
이런 논증을 '**회의적 논증**'이라고 해요. 회의적 논증의 목표는
분명하고 가장 확실해 보이는 것조차 의심하도록 만드는 거예요.

통 속에 뇌가 들어 있다고 상상해 보세요. 이 뇌는 슈퍼컴퓨터에 연결되어 있어요.
슈퍼컴퓨터는 걷거나 말하는 것처럼 사람들이 경험하는 모든 정보를 통 속의 뇌에 제공해요.
실제로, 이 뇌는 자신이 걷고 말하는 사람이라고 생각해요.

만약 통 속의 뇌는 자신이 통 안에 *있다*는 사실을 알지 못한다면, 우리도 통 속의 뇌가 아니라고
어떻게 알 수 있나요? 알 수 없어요. 여기서 말하려는 것은, 우리가 통 속에 있는 뇌라고 믿게
만들려는 것이 아니에요. 통 속의 뇌가 아니라고 확신할 수 없다는 것을 알려 주려는 거예요.

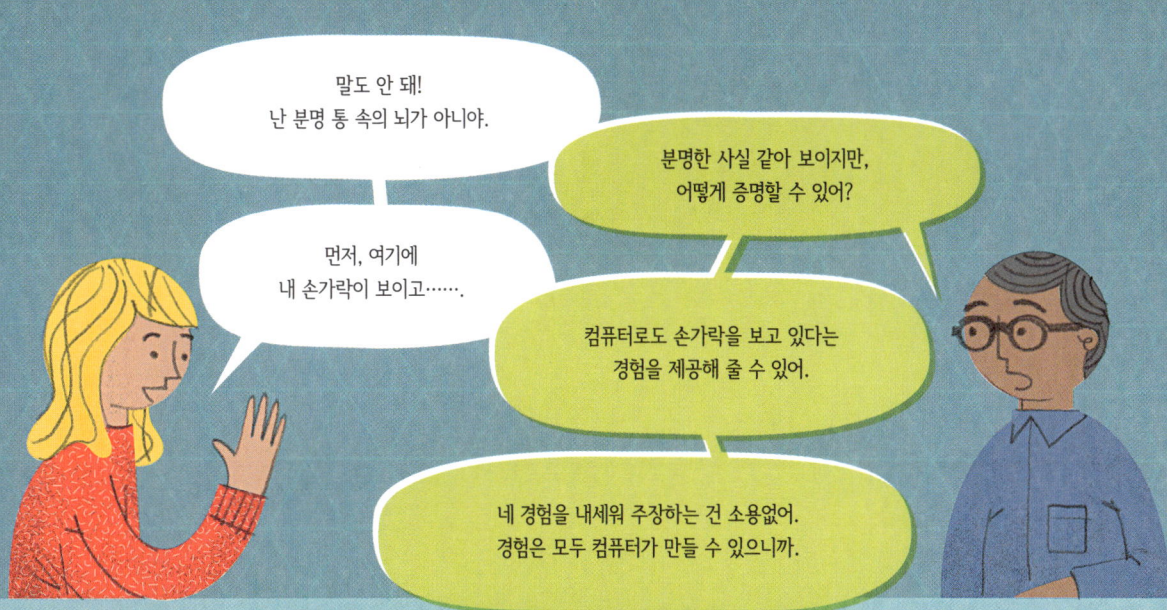

회의적 논증의 요점은 무엇일까요? 만약 우리가 통 속의 뇌가 아니라는 것을 알 수 없다면, 어떻게 현실 세계가 우리가 생각하는 것과 같은 것이라고 확신할 수 있나요? 그리고 이것을 확신할 수 없다면, **어떻게 정말 *모든 것*을 알 수 있나요?** 정답은 '알 수 없다'인 것 같아 보여요.

상식적으로 생각하면 이 논증은 *틀렸다고 말할* 수 있어요. 하지만 종종 상식이 틀릴 때도 있어요. 알고 있죠? 예전 사람들은 지구가 평평하다고 믿었어요. 정말 상식을 믿어도 될까요?

회의적 논증에 *반대하는* 철학자들도 있어요.

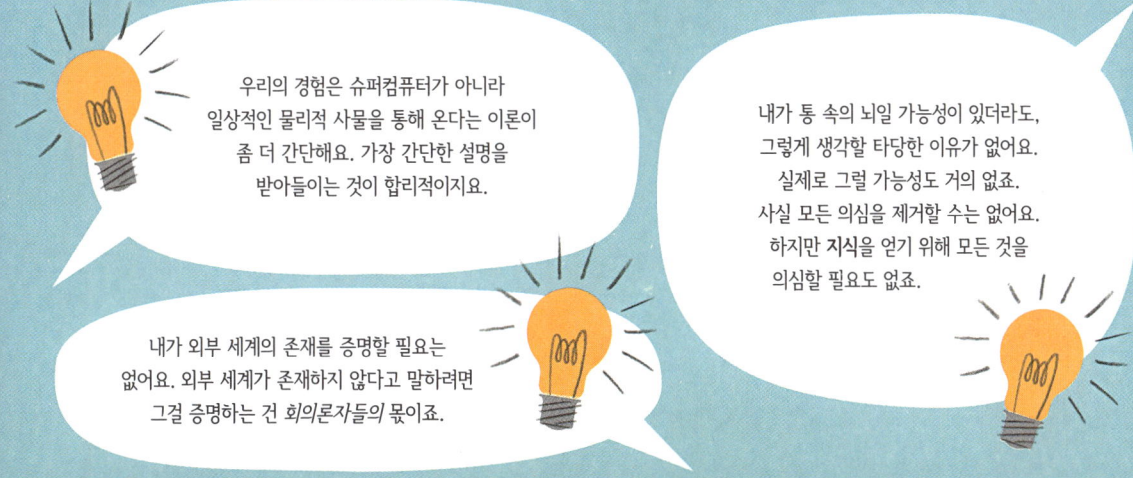

여러분의 생각은 어떤가요? 마음에 드는 답변이 있나요? 여러분은 자신이 통 속의 뇌가 아니라는 것을 **알 수 있나요? 알 수 없다** 하더라도, 그것이 정말 중요한 문제일까요?

우리는 어떻게 지식을 얻을까요?

지식을 받아들일 수 있다고 가정해 보세요. 우리가 안다고 생각하거나, 정말로 알고 있는 것들은 상당히 많아요. 하지만 특정한 믿음을 가지는 것을 지식으로 볼 수 있을까요? 지식을 어떻게 확인할 수 있을까요?

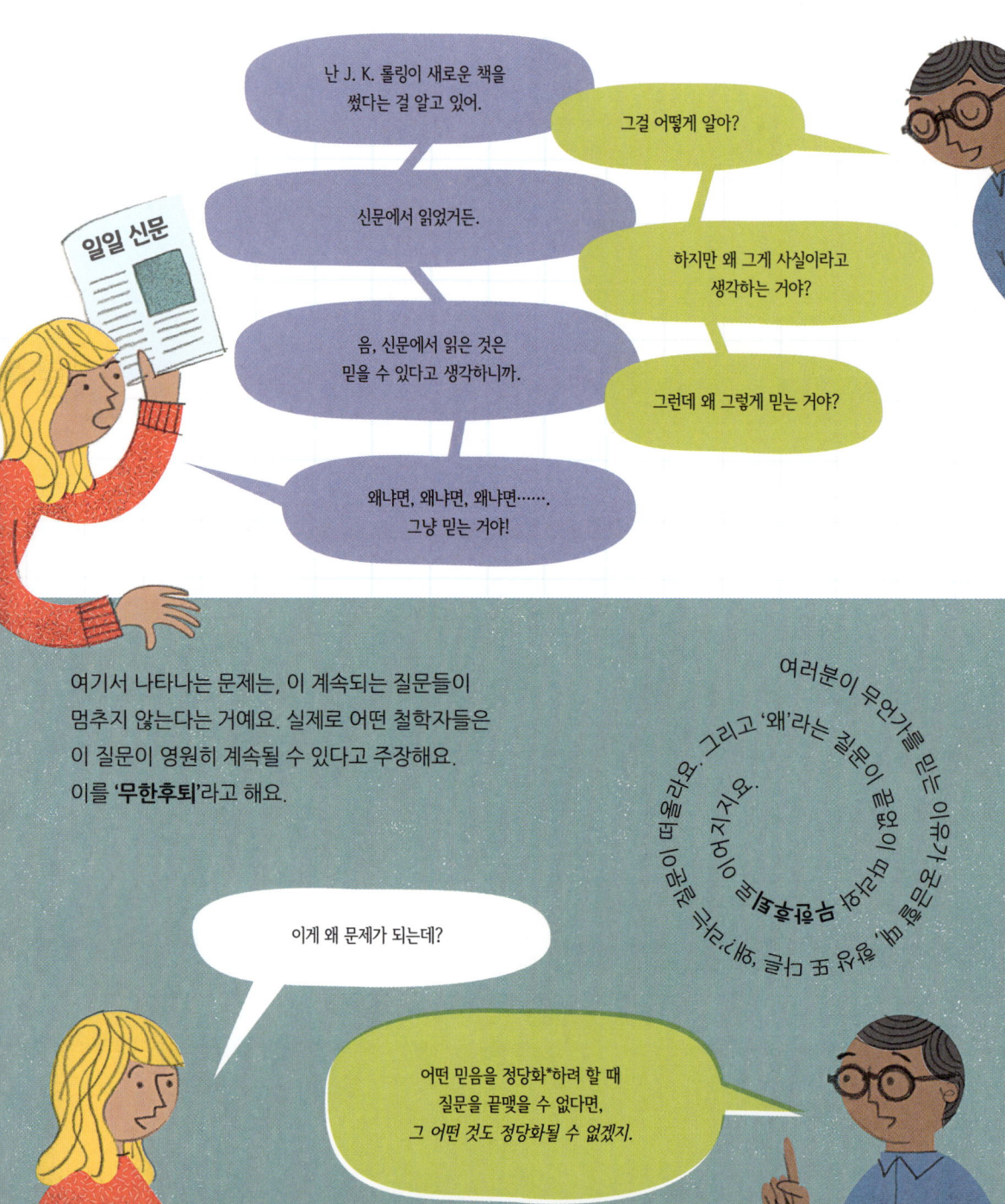

난 J. K. 롤링이 새로운 책을 썼다는 걸 알고 있어.

그걸 어떻게 알아?

신문에서 읽었거든.

하지만 왜 그게 사실이라고 생각하는 거야?

음, 신문에서 읽은 것은 믿을 수 있다고 생각하니까.

그런데 왜 그렇게 믿는 거야?

왜냐면, 왜냐면, 왜냐면……. 그냥 믿는 거야!

여기서 나타나는 문제는, 이 계속되는 질문들이 멈추지 않는다는 거예요. 실제로 어떤 철학자들은 이 질문이 영원히 계속될 수 있다고 주장해요. 이를 **'무한후퇴'**라고 해요.

여러분이 무언가를 믿는 이유가 있다면, 그리고 '왜'라는 질문이 끝없이 따라온다면, 이유을 '정당화'한다는 것은 무한후퇴를 의미할지도 몰라요.

이게 왜 문제가 되는데?

어떤 믿음을 정당화*하려 할 때 질문을 끝맺을 수 없다면, 그 어떤 것도 정당화될 수 없겠지.

하지만 대안이 있어.

아주 좋아! 그게 무엇인데?

그리 좋은 방법은 아니야. 설명이 계속 반복되면서 서로서로의 이유와 원인이 되는 거야.

아하, 이렇게 말이야? 1에 의해 정당화된 2에 의해 정당화된 3에 의해 정당화된 1에 의해 정당화된 믿음... 이게 꼭 잘못된 거야?

음, 이건 네가 가진 믿음이 다른 믿음에 의해서만 설명된다는 것을 의미해. 만약 모든 믿음이 서로에게 의존한다면, 어떤 믿음도 *절대적으로* 정당화될 수 없겠지.

그렇구나. 그럼 우리는 정말 무엇이든 아는 건 불가능하겠네. 다시 회의적 논증으로 돌아와 버렸어.

꼭 그런 건 아니야.

*철학에서는 지식을 '정당화된 참된 믿음'이라고 정의해요.

많은 철학자들은 우리가 지식의 구조를 전체적으로 생각한다면, 후퇴와 순환 문제를 막을 수 있다고 생각해요.

철학자들은 지식이 건물과 같다고 주장해요. 만약 우리가 알고 있는 모든 지식이 믿을 수 있는 강력한 확신에 *기초하고* 있다면, 그 위에 조심스럽게 쌓아 나간 지식들도 견고할 거예요.

나는 생각한다. 그러므로 나는 존재한다.

내 조카는 내 형제의 아들이다.

2 + 2 = 4

이 잔디는 푸르게 보인다.

지식을 쌓아요

지식이 강력한 토대를 바탕으로 한다는 이론을 '**토대주의**'라고 해요. 토대주의자들은 정확히 *어떤* 믿음이 토대가 되어야 하는지 모두 동의하는 건 아니지만, 더는 정당화할 필요가 없는 믿음이 반드시 존재해야 한다는 데에는 동의해요. 그러한 믿음을 '**기초 믿음**'이라고 해요. 기초 믿음은 철학자들이 '**비기초 믿음**'이라고 부르는 믿음을 뒷받침해요.

어떤 철학자들은 지식이 토대가 있는 건물이 아니라, 거미줄과 같이 서로 연결된 믿음에 더 가깝다고 말해요. 어떤 믿음의 집합이 집합 내의 믿음들이 서로 모순되지 않게 *일관적이고*, 모든 믿음들이 서로를 뒷받침하여 *논리적이라면*, 그 믿음을 가지는 것이 합리적이지요. 그 예로, 거미가 가지는 믿음의 집합을 살펴보아요.

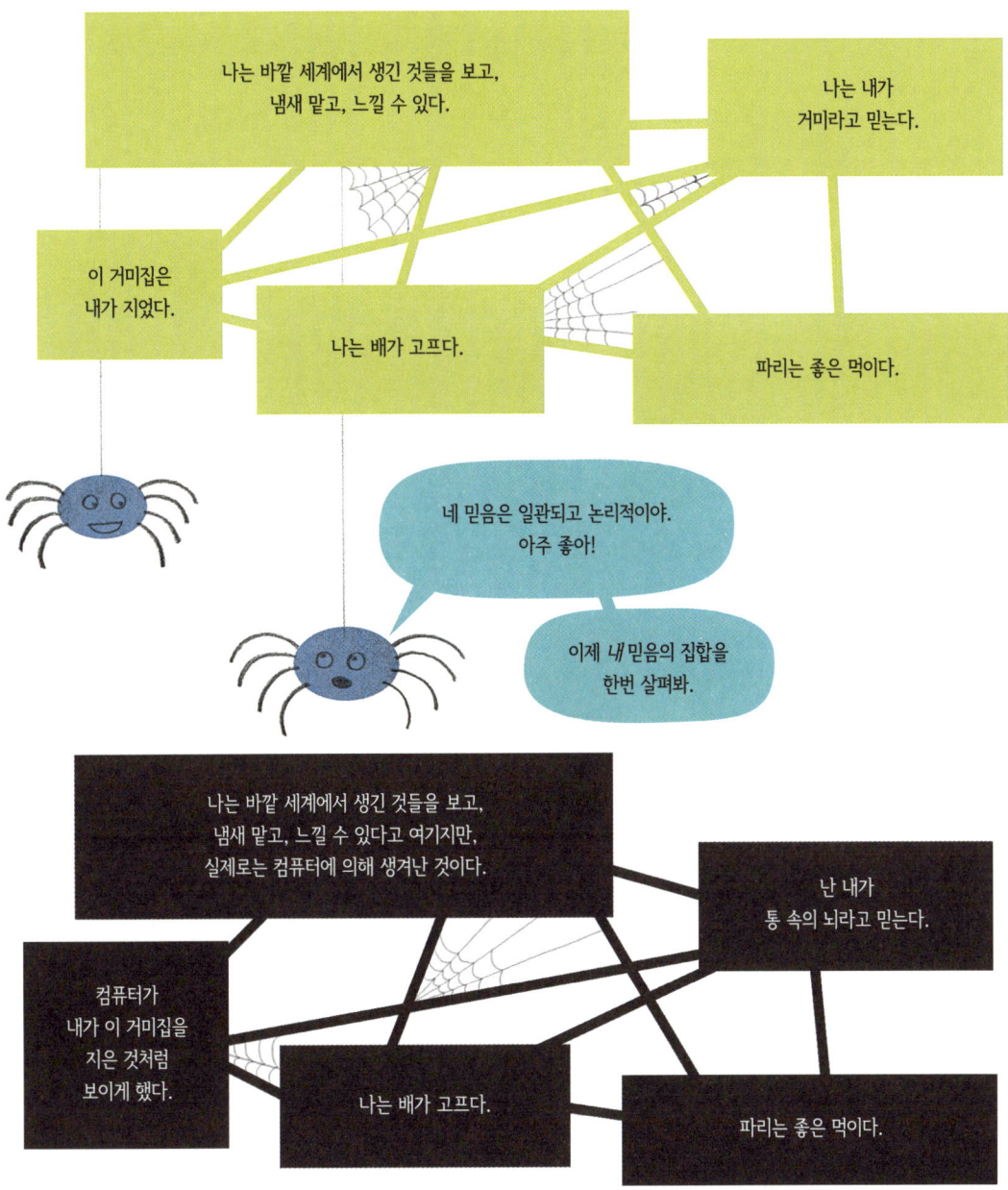

두 믿음 모두 일관되고 논리적이에요. 하지만 두 결론은 아주 다르고, 어떤 거미가 옳은지 알 수도 없어요. 따라서 모든 믿음이 일관성 있다 해도, 거짓된 믿음일 수 있어요.

지식이란 무엇일까요?

대부분의 철학자들은 사실을 알기 위해서는, 그 사실이 참이어야 하며, 또한 우리가 그 사실이 참이라고 믿어야 한다고 생각해요.

이 사실이 정말로 피터에 관한 것이라면, 이는 분명한 지식처럼 보여요. 하지만 이것이 지식의 전부일까요? 다음 대화를 상상해 보세요.

BTS의 싱글이 실제로 가장 많이 팔린 노래라면 이 사실을 정말로 알고 있는 사람은 빌인가요, 아니면 제인인가요? 만약 제인이라고 생각한다면, 두 사람이 가진 믿음의 차이는 무엇인가요? 왜 제인이 아는 것은 *지식*으로 생각되지만, 빌은 정말 알고 있다고 생각하지 않나요? 해답을 찾으려면 제인과 빌에게 참된 믿음을 갖게 한 **이유**를 살펴봐야 해요.

빌이 믿는 이유는 타당해 보이지 않지만, 제인의 이유는 믿을 수 있어요.
철학자들은 제인의 믿음은 정당화할 수 있지만, 빌은 정당화할 수 없다고 말해요.
그렇다면 우리는 무엇을 지식이라 생각하는지에 관해 새롭고 더 나은 설명을 제시할 수 있어요.

> 사실을 알기 위해서는 그 사실이 참이어야 하며,
> 사람들이 반드시 그 사실을 믿고,
> 또한 그 믿음에 합당한 이유가 있어야 해요.

믿을 만한 이유

새로운 사고 실험을 해 보아요. **헨리가 머리를 파란색으로 염색했다고 상상해 보세요.**

대부분이 헨리가 머리를 염색했다는 것을 아는 건 '안나'라고 말할 거예요.
거리에서 헨리를 직접 보았기 때문에 믿을 만한 충분한 이유가 있지요.
따라서 안나의 지식은 **'정당화된 참된 믿음'**으로서 지식 이론에 들어맞아요.
하지만 매트는 어떨까요? 분명 매트는 사실을 알지 *못해요*. 매트는 헨리를 보지 않았어요.
헨리가 머리를 파란색으로 염색했다고 믿는 이유는 단지 우연의 일치일 뿐이에요.
그래서 지식을 정의하는 데는 추가적인 조건이 필요하지요.

> 정당화된 믿음은 다른 거짓된 믿음에 의존해서는 안 된다.

아니면 우리는 지식을 설명하는 새로운 접근법을 생각해야 할 거예요.

우리가 아는 것을 아는 방법

어떤 철학자들은 무언가를 알기 위해 필요한 것은,
사실에 대한 믿음과 그 사실을 연결하는 **'인과 고리'**라고 제안해요.
이것을 **'지식 인과론'**이라고 해요.

인과론으로 안나가 알게 된 이유를 설명할 수 있지만, 매트의 경우는 설명할 수 없어요. 안나는 헨리가 염색했다는 사실을 알아요. 안나의 믿음은 파란 머리를 한 헨리를 직접 보았기 *때문에* 생겨났어요. 하지만 매트의 믿음은 에릭을 보고 생겨난 거예요. 매트가 정말 알지 *못하는* 이유는 이 때문이지요. 인과론은 자신의 믿음을 정당화할 수 없을 때조차도 무언가를 알고 있다고 말할 수 있어요.

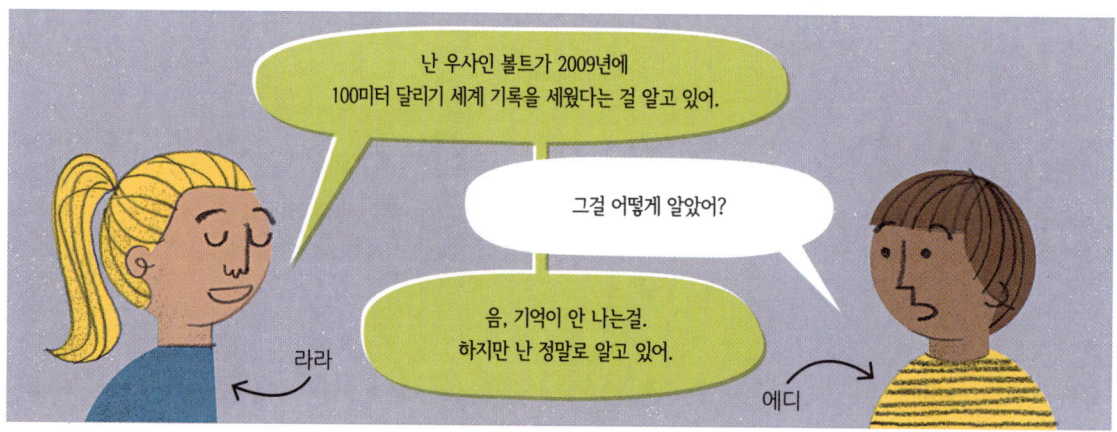

여러분이 만약 지식은 '정당화된 참된 믿음'이라고 생각한다면, 라라는 *알지 못한다*고 말해야 해요. 라라는 자신의 믿음에 대한 합당한 이유를 댈 수 없기 때문이에요. 하지만 인과론에 따르면, 라라에게는 사실과 최종 믿음 사이에 인과 고리가 있기 때문에 안다고 말할 수 있어요. 다음 예를 보세요.

지금까지 인과론은 문제없어 보여요.
하지만 미국의 철학자 엘빈 골드만은 다음과 같은 사고 실험을 떠올렸어요.
아멜리아가 시골길을 운전하고 있어요.
아멜리아는 헛간을 보고 그곳에 헛간이 있다는 참된 믿음을 가지게 되지요.

아멜리아는 헛간이 있다는 사실을 아는 듯이 보여요.
헛간과 헛간이 존재한다는 아멜리아의 믿음 사이에
인과 고리가 있기 때문이에요.
아멜리아의 믿음은 헛간을 보고 생겼고,
헛간을 본 것은 실제로 헛간이 그곳에 있다는
사실에 의해 생겨난 거예요.

하지만 아멜리아가 모르는 사실이 있어요.
이 지역에는 실제 헛간처럼 보이는
가짜 헛간이 많이 있어요.
아멜리아가 본 헛간은 *진짜였지만*,
언제든 쉽게 가짜 헛간과 마주칠 수 있어요.
만약 가짜 헛간을 봤다면 아멜리아의
믿음은 거짓이 되겠지요.

여기서 문제는, '실제로 아멜리아가 그곳에 헛간이 있다는 사실을 *알고* 있을까?'예요.
마치 아멜리아가 *우연히* 사실을 안 것처럼 느껴져 실제로는 모른다고 생각한다면,
아멜리아의 참된 믿음과 그곳에 있는 헛간과 인과 고리로는 아멜리아가 '안다'고 말하기에
충분하지 않다는 것이지요. 그렇다면 이 이론에 뭔가 문제가 있는 걸까요?

지금 상황으로는,
무엇이 지식인지 정확히 찾아내는 것이
불가능하다고 생각할지도 몰라요!

이것은 종종 철학에서 일어나는 일이에요.
때론 답답하게 느껴질 수 있지만,
모두 철학을 하는 한 과정이에요.

철학자들이 제시한 모든 이론에 대해,
제대로 적용되지 않는 예가
항상 있어 보여요.

만족스러운 답을 찾거나 만약 찾지 못했더라도,
우리의 생각을 명확히 하는 기회였다 생각하고
새로운 것을 배웠길 바라요.

> 나는 마음을 통제하고 있나요, 아니면 마음이 나를 통제하고 있나요?

> 로봇은 뇌가 없어요. 하지만 마음을 가질 수 있을까요?

> 다른 사람들이 나와 같은 방식으로 세상을 경험하는지 어떻게 알 수 있나요?

마음이 있다는 건 무엇을 의미할까요?

'심리 철학'은 철학의 한 분야로,
마음이 무엇인지 그리고 마음이 어떻게
세상과 관련 있는지에 관한 질문을 다루어요.
마음에 관한 다양한 생각들을 탐구하다 보면
나 자신과 다른 사람을 새로운 방식으로
바라보게 될 거예요.

다른 사람들도 마음을 가지고 있을까요?

다른 사람의 머릿속에서 무슨 일이 일어나고 있는지 아는 건 쉽지 않아요.
우리는 내가 어떤 생각을 하는지 *설명할* 수 있지만,
보통 상대방이 내 생각을 실제로 들여다볼 수 있을 거라 생각하지 않아요.
이로 인해 때때로 혼란이 생기기도 하지요.

철학자들은 종종 사람의 마음을 *사적인* 것으로 묘사해요.
사람들의 생각과 감정은 *자기 자신만* 접근할 수 있다는 뜻이에요.
따라서 다른 사람의 경험은 내가 예상했던 것과 완전히 다를 수도 있어요.

누구나 *마음을 가지고* 있다고 어떻게 알 수 있나요? 다른 사람들이 생각과 감정을 가진 것처럼 *보이지만*,
머릿속에서 아무 일도 일어나지 않는 단지 몸뚱이일 가능성은 없을까요?

누군가 이렇게 말할지도 몰라요. "*나*는 경험과 감정, 생각이 있어요.
다른 사람들도 나처럼 보이고 행동하니까, 다른 사람들도 역시 마음이 있는 게 당연해요."
하지만 이 추론은 잘못되었어요. 그 이유를 다음 글에서 알 수 있어요.

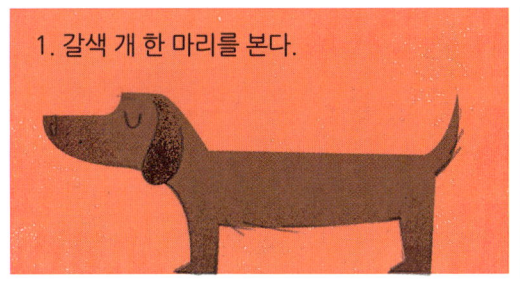

모든 개가 갈색은 *아니에요*. 여기서 기억할 것은, *단 하나의* 예로 일반적인 결론을
내릴 수 없다는 거예요. 같은 사실이 *여러 경우에도* 적용된다는 것을 보여 주어야 해요.
하지만 마음의 경우는 다른 예를 보여 줄 수 없어요.
사람들은 오직 *자신이* 마음을 가지고 있다는 것만 확신할 수 있기 때문이에요.

상식적으로 우리는 사람들이 마음을 가지고 있다고 가정해요. 왜냐하면 상식은 사람들의
행동에 관해 간단하고 믿을 만한 설명을 해 주니까요. 하지만 왜 상식을 신뢰해야 하나요?
글쎄요, 파티에서 춤추는 사람들의 행동을 설명한다고 상상해 보세요.

마음과 몸에 관한 문제

많은 사람이 마음과 몸 사이에 분명한 차이점이 있다고 생각해요.

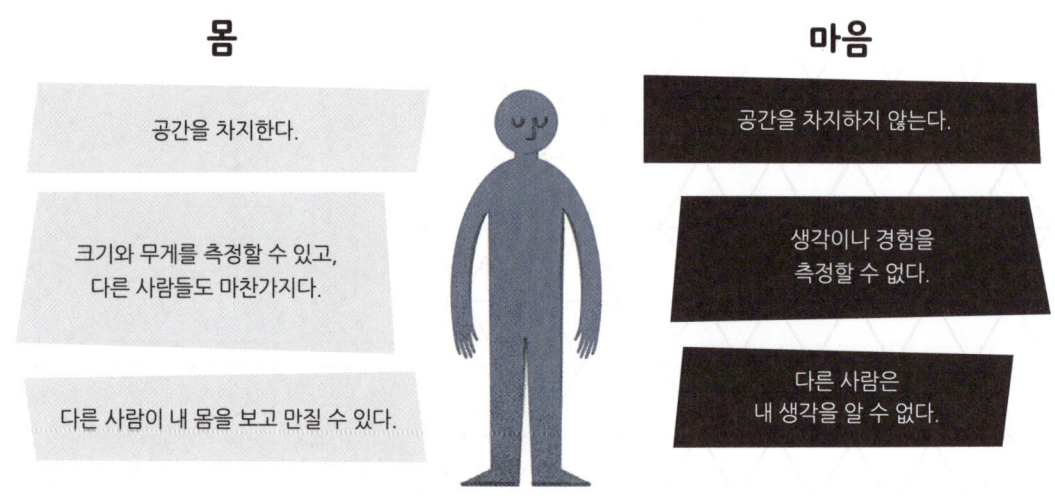

그렇다면 몸과 마음의 관계는 무엇일까요?
철학자들은 몸과 마음의 관계를 '**심신 문제**'라고 부르며 연구해요.

1. 마음과 몸은 서로 다른 물질이에요.

심신 문제 이론에 따르면 몸은 공간을 차지하는 물리적 물질이지만, 마음은 물리적 물질이 아니며 공간을 차지하지도 않아요.
하지만 이런 질문을 던질 수 있어요.
어떻게 비물리적인 것이 물리적인 것을 변화시킬 수 있을까?

어떤 철학자들은 공간을 차지하지 않는 것은 어떤 것에도 영향을 줄 수 없다고 말해요. 그 철학자들에게는 마음과 몸이 서로 다른 물질이라는 이론으로는, 심신 문제가 해결되지 않아요.

2. 마음은 뇌예요.

마음을 설명하는 또 다른 방법은, 마음이 *바로* 뇌라고 말하는 거예요.
철학자들은 이 이론을 **'동일론'**이라고 불러요. 누군가의 마음, 즉 **'심적 상태'**에서 일어나는 일을
뇌에서 일어나는 특정한 작용과 연결할 수 있다는 생각이에요. 다음 예를 살펴보아요.

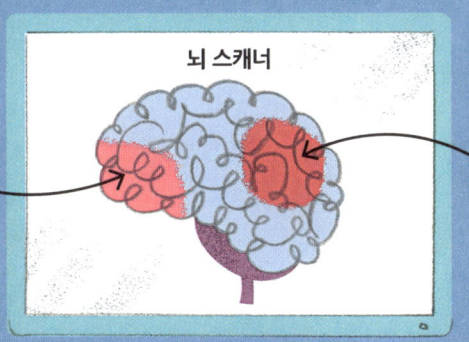

심적 상태인 케이크를 먹고 싶다는 욕구를 느꼈을 때, 뇌의 이 부분이 사용되었어요.

다른 심적 상태인 고통을 느꼈을 때, 이 부분이 사용되었어요.

이 생각은 모든 심적 상태가 뇌의 특정 작용과 동일하다는 거예요.
하지만 철학자들은 문제를 지적했어요.

많은 동물들도 고통과 같은 심적 상태를 느끼는 걸로 보여요. 하지만 동물의 뇌는 사람의 뇌와 매우 달라요.

동일론은 고통을 뇌의 특정한 작용으로 정의해요. 따라서 동물이 고통을 느낄 수 없다거나, 적어도 사람이 느끼는 고통과 같지 않다는 의미를 논리적으로 내포하고 있어요.

다음은 사고 실험이에요. 우리와 완전히 다른 몸을 가진 외계인을 상상해 보세요. 이 외계인도 고통을 느낄 수 있다고 생각하나요?

외계인은 뇌조차 없을 수도 있어요. 대신 머리에 반짝이는 무언가가 달라붙어 있을지도 모르지요. 하지만 뇌가 없다고 외계인이 우리와 같은 종류의 고통을 느낄 수 없다는 것을 의미할까요?

심신 문제를 해결하기 위해, 철학자들은 고통처럼 *모든 존재에* 적용할 수 있는 정의가 필요해요.
하지만 만약 고통이 뇌의 특정 부분과 관련이 있다면, 고통을 느끼는 뇌의 특정 부분을 사용하지 않거나,
뇌의 특정 부분이 없는 존재도 생각할 수 있어요. 아마도 동일론은 너무나 복잡한 이론일 거예요.

3. 마음은 그것이 하는 일을 말해요.

동일성 이론의 대안은 **기능주의**예요. 이 이론에 따르면 정신은 마음이 무슨 일을 *하는지*, *기능*이 무엇인지에 따라 정의할 수 있어요. 우리는 많은 물건들을 기능에 따라 묘사해요. 예를 들어, 시계는 무엇으로 만들었는지 작동 원리가 무엇인지에 상관없이, 시간을 알려 주는 물건이라고 묘사해요.

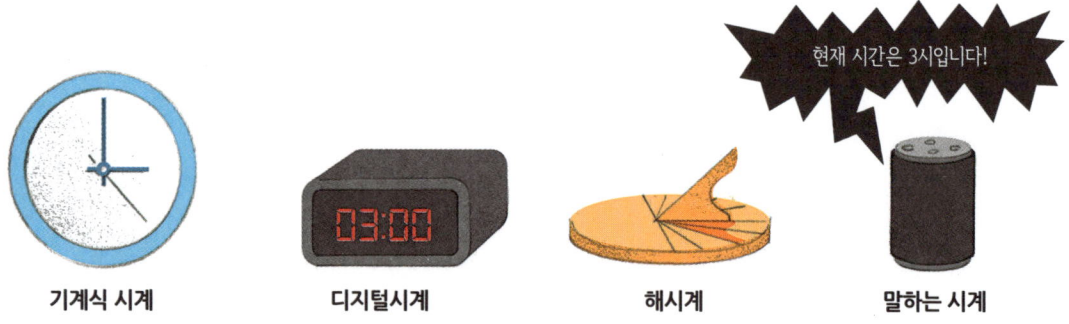

기계식 시계   디지털시계   해시계   말하는 시계

하지만 이 이론이 어떻게 정신에 적용될 수 있을까요? 기능주의자들은 종종 마음을 컴퓨터에 비유해요. 컴퓨터처럼 마음은 **입력**받고, **출력**으로 반응하지요. 정신은 단지 입력에 반응하여 나오는 모든 출력을 말해요. 즉, 마음이 하는 일, 마음의 기능은 출력이에요.

입력	심적 상태	출력
볼로는 케이크 광고를 봐요. 이 감각 때문에 볼로는…	…케이크가 먹고 싶어져요. 이 심적 상태는…	…행동으로 이어져요. 다른 것을 원하지 않는 한 볼로는 케이크를 얻으려고 해요.

기능주의에 따르면, 케이크를 원하는 마음은 특정한 두뇌의 활동이 아니라, 케이크를 가지려는 행동 같이 어떤 출력을 *일으켜요*.

따라서 기능에 따른 묘사는 사람, 동물, 외계인, 심지어 로봇까지 모든 마음에 적용돼요. 모든 시계가 시간을 알려 주는 것처럼, 여러 다양한 존재들은 다양한 물질을 사용해 마음의 기능을 수행해요. 마음의 기능을 수행하는 몇 가지 물질들은 다음과 같아요.

하지만 기능주의가 설명하지 *못하는* 것이 있어요. 욕구와 고통은 단지 특정한 상황을 불러일으키는 기능이 아니라 우리가 *느끼는* 감정이에요. 이상적으로 기능주의는 정신이 감정을 느끼는 방법과 그 기능 사이의 연관성을 설명할 수 있지만, 실제로 감정이 모두 기능과 연관되지는 않아요.

일부 철학자들은 정신적인 경험을 설명하는 것이 불가능하다고 생각해요. 고통을 느낄 수 없는 외계인에게 고통에 관해 설명한다고 상상해 보세요.

감정을 어떻게 느끼는지 설명할 수 없다면, 기능주의가 감정을 설명할 수 없어도 문제가 되지 않을 거예요.

마음을 정말로 통제할 수 있나요?

모든 사람은 매일 선택을 하며 살아요. 우리도 이 책을 읽기로 선택했지요(그러길 바라요). 선택은 자신의 삶에 큰 영향을 미쳐요. 철학자들은 이런 선택을 *자유 의지*를 가진다고 말하지요. 우리는 종종 다른 사람의 행동을 비난하거나 칭찬해요. 스스로 그렇게 행동하기로 *선택했기* 때문이에요.

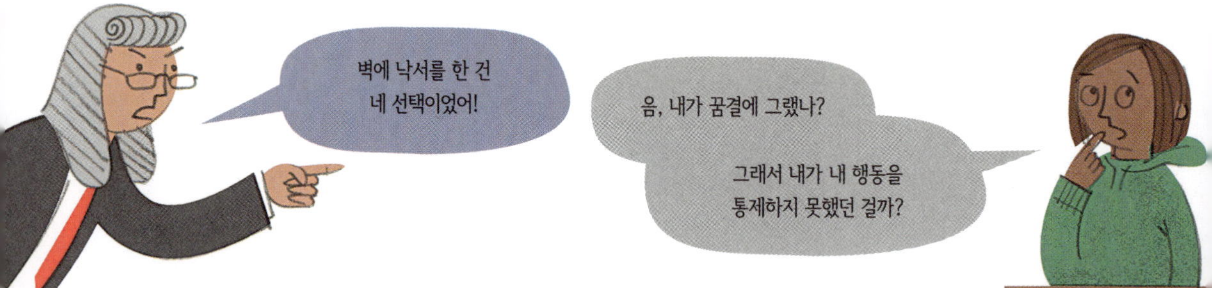

> 벽에 낙서를 한 건 네 선택이었어!

> 음, 내가 꿈결에 그랬나?
> 그래서 내가 내 행동을 통제하지 못했던 걸까?

피고인

우리는 원하는 대로 자유롭게 행동할 수 있다고 *생각하지만*, 정말 사실일까요?
어떤 철학자들은 우리가 전혀 자유롭지 않다고 주장해요.
주변을 살펴보면, 현재와 미래는 과거의 사건에서 비롯된다고 생각이 들어요.
우리는 과거에 일어난 사건을 참고해서 모든 것들을 설명하지요.

> 네 전화기는 왜 고장 난 거야?

> 사고가 왜 일어났냐 하면……

빠직!

이러한 생각을 '**결정론**'이라고 해요. 만약 현재와 미래가 이전에 발생한 사건에 의해 결정된다면, 우리의 행동과 심지어 내가 누구인지도 이미 정해졌다는 뜻이에요.

우리는 과거를 바꿀 수 없어요.
하지만 과거가 미래를 *결정한다면*…

…이 말은 미래도 *우리가* 결정할 수 없다는 뜻이 돼요.

우리의 삶에는 우리가 통제할 수 없는 것들이 많아요.
아주 오래전 사건으로 이미 정해진 일들이기 때문이에요.

우리의 외모는 부모님에게서, *부모님의* 외모는 조부모님에게서 물려받은 것이에요.

우리가 말하는 언어는 자라난 곳에 따라 달라져요.

우리의 생각과 신념, 성격은 학교, 부모님, 친구들 그리고 주변 환경에 따라 달라져요.

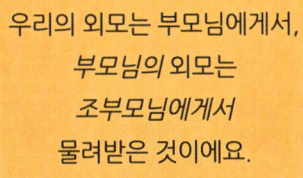

굿모닝?

땡큐!

바이바이!

어떤 사람들은 여기서 한 걸음 더 나아가 생각해요. 주변 세계의 *모든 것이* 과거에 의해 결정된다면 어떨까요? 그렇다면 우리의 *선택도* 마찬가지로 과거에 의해 결정될 거예요. 이건 정말 중요한 문제예요. 만약 우리의 선택이 모두 과거 사건에 의해 결정되어 선택을 자유롭게 할 수 없다면, 정의를 집행하는 판사의 판결에도 영향을 미칠 수도 있어요.

피고인은 무죄입니다. 계속해서 일어난 과거의 사건 때문에 피고인의 몸과 마음은 특정한 방식으로 움직일 수밖에 없었어요. 피고인에게는 다른 선택지가 없었습니다!

자, 이 문제를 생각해 보아요. 만약 우리가 다르게 행동할 수도 없고, 선택도 할 수 없다면, 우리는 어떻게 자유 의지를 가질 수 있을까요?

모든 것은 결정되었을까요?

우리가 하는 모든 일이 과거에 의해 이미 결정됐다면,
우리는 자유 의지를 가질 수 없는 것처럼 보여요.
하지만 현재와 미래가 과거에 의해 결정되지 *않는다면* 어떨까요?

모든 사물이 어떻게 움직이는지 설명하는 과학을 '물리학'이라고 해요.
어떤 물리학자들은 세상을 정말로 자세히 살펴본다면, 모든 일들이 동전 던지기처럼
한순간에서 다음 순간까지의 일 중 어느 부분은 운에 달려 있다고 주장해요.

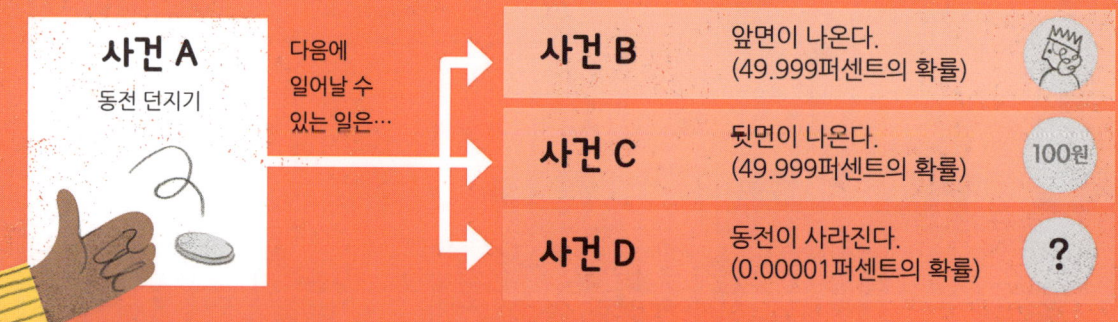

이 주장이 *철학자들에게* 의미하는 것은, 무작위로 일어날 수 있는 일, 심지어 가능성이
없어 보이는 일도 일어날 확률이 항상 존재한다는 거예요. 그렇다면 결정론은 거짓이 되어요.
왜냐하면 *어떤* 사건들은 과거의 사건으로 인해 발생하지 않고,
과거와 무관하게 무작위로 발생할 수 있기 때문이에요.
그렇다면 이 말은 자유 의지가 있다는 의미일까요? 꼭 그렇지는 않아요. 만약 결정론이 거짓이라면,
우리의 행동은 *완전히* 무작위일 거예요. 주사위를 던져 모든 결정을 내리는 것보다도 더 예측하기
힘들지도 몰라요.

만약 우리의 행동이 무작위라면, 본질적으로 통제를 벗어난 것과 같아요. 따라서 우리의 행동이
이미 결정되었거나 혹은 완전히 무작위라면, 우리는 자유 의지를 가질 수 없어요.

하지만 경험에 비추어 볼 때, 우리는 자유롭게 행동을 선택할 수 있다고 느껴요.
이것을 설명할 방법이 있을까요? '자유 의지'란 정말 무엇을 의미할까요?
가장 간단한 설명은, 과거의 사건에 의해 제약을 받지 않고 선택하는 것이 자유롭다는 뜻일 거예요.

그럴 듯하게 들리네. 하지만 난 '제약' 받는 것에 대해 걱정하지 않아.
자유롭다는 건 단지 *내가 원하는 것을 하는 것*이라고 생각하니까.

네가 그렇게 생각한다면, 자유 의지와 결정론을 모두 믿어도
아무런 문제가 없어. 네 행동이 완전히 결정되어 있더라도
넌 여전히 *원하는 일*을 하고 있으니까.

잠깐만. 어쩌면 내가 틀렸을지도 몰라!
예를 들어, 난 밤새도록 비디오 게임을 하며 자유롭고 행복하다고 *느꼈어*.
하지만 만약 나에게 다른 선택지가 없었다면,
난 하고 싶은 일을 하고 있어도 자유롭지 *않을* 수 있지.

이제야 원하는 걸 하며 *자유를 느끼는 것*이 아니라,
행동 목록에서 *자유롭게 선택하는 것*에 관해 이야기하고 있구나.
자유란 네 안에서 느끼는 걸까 아니면 밖에서 일어나는 것일까?

만약 자유가 *감정과* 관련 있는 것이라면,
누구나 자유로워질 수 있는 것처럼 들리는데!
자신이 자유롭다고 느끼는 한, 자신의 행동이 결정되어 있는 건 중요하지 않아.

만약 자유가 행동을 선택하는 거라면, 결정론이 거짓이라 할지라도
우리 중 어느 누구도 진정으로 자유로울 수 없어.
하지만 왜 내가 내 선택을 통제하는 것처럼 *느끼는지*도 설명할 수 없지.

철학자들이 뭐라 해도, 난 여전히 내가 자유롭다고 생각하며 행동해.
이거면 충분하다고.

예술이란 무엇일까요?

좋은 예술이란 무엇일까요?

시나 노래가 장미처럼 아름다울 수 있을까요?

아름다움이란 무엇일까요?

아름다움과 예술에 관한 질문은
'미학'으로 알려진 철학의 한 분야에 속해요.
'미학'이란 말은 감각, 즉 시각, 청각, 촉각
그리고 후각을 통해 얻는 지식이란 뜻의
고대 그리스어에서 나왔어요.

아름다움이란 무엇일까요?

아름다움은 사람, 음악, 시, 예술, 산의 경치, 과학, 꽃, 석양 등 모든 것을 표현할 때 사용될 수 있어요. 그런데 이렇게 다양한 것들을 가리키는 단어의 의미를 하나로 정확히 표현할 수 있을까요?

아름다움은 모두를 의미할 수 있어요.

복합적인 의미

철학자들은 어디에 적용되느냐에 따라 아름다움의 의미가 달라진다고 말해요. 예를 들어, 노래는 직접적이고 즉각적인 반응을 불러일으키는 아름다움을 가져요. 그러나 시는 그것을 이해하고 감상하는 데 더 많은 시간이 필요한 다른 종류의 아름다움을 가지지요.

아름다움은 마음에 달린 걸까요?

어떤 철학자들은 아름다움이 순전히 보는 사람의 마음에 달려 있다고 주장해요.
이것을 '*주관적인 가치*'라고 해요. 하지만 다른 철학자들은 아름다움이 객관적이라고 주장해요.
즉, 아름다움은 사물 *안에* 존재하는 특성에 달려 있다는 것이지요.
그런데 만약 아름다움이 객관적인 것이라면, 아름다움을 정의하는 기준은 무엇일까요?

저 여자는 아름다워.

무슨 뜻이야?

그녀가 *객관적으로 봤을 때* 아름답다는 거야. 누구나 그녀의 큰 눈, 우아한 목, 그리고 빛나는 머리카락을 보고 아름답다고 생각할 거야.

넌 그녀의 객관적인 특징으로 아름다움을 정의하고 있구나. 그렇다면 석양은 어때, 아름다워?

응, 물론이지.

하지만 석양은 큰 눈이나 빛나는 머리카락이 없는걸.

아니, 석양은 다른 특성을 가지고 있지. 인상적이고 강렬한 색깔 말이야.

그럼 모든 아름다운 것들이 공유하는 특징이 있을까?

아니, 그건 불가능해! 적어도 난 아무것도 떠오르지 않는걸.

만약 아름다움이 객관적이라면...

고대 철학자들은 비율이나 대칭 등 아름다움을 정의하는 것으로 보이는 많은 특징들을 찾아냈어요. 고대 철학자들은 아름다운 신체 비율에 대한 공식을 찾으면, 아름다움에 대한 공식도 찾을 수 있을 거라고 믿었어요.

이 조각상이 아름다운 것은 대칭적인 얼굴 덕분이에요.

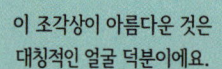

그리고 조화로운 신체 비율 덕분이죠.

이 비율을 그대로 따라 하면, 나도 똑같이 아름다운 조각상을 만들 수 있을 거예요.

고대 그리스의 건축가들은 수학을 사용해 특정 비율을 지닌 아름다운 건물을 지었어요.

건축가들은 너비와 높이의 비율이 약 1.62인 황금 비율을 사용했지요.

$$\frac{a}{b} = \frac{a+b}{a} = 1.62\cdots$$

이 건물은 균형과 대칭, 비율 때문에 아름다운 거예요! 너비와 높이의 비율은 황금 비율을 따르고 있지요.

그러면 황금 비율을 따르는 건물은 모두 똑같이 아름답겠네요.

그러나 황금 비율은 *다른* 모양과 비율을 가진 건물의 아름다움을 설명하지 못해요. 그 누구도 지금까지 **모든** 아름다운 것들은커녕, 아름다운 건물에 적용되는 규칙도 발견하지 못했어요.

만약 아름다움이 주관적이라면…

이제 아름다움이 주관적이라서 아름다움에 대한 판단이
사람들의 반응으로 결정된다고 가정해 보세요.
결국, 무엇이 아름다운지에 대한 사람들의 의견에는 큰 차이가 생겨요.

저 개는 아름다워!

정말? 내가 보기에는 아주 못 생겼는데.

상관없어.
사람마다 아름다움의 기준과 취향은 다르니까.

이 주장의 문제점은 아름다움이 순전히 보는 사람의 인식에 달려 있어
개인마다 다르다면, 두 사람이 '아름답다'고 말할 때
그것이 같은 것을 의미하는지 절대 알 수 없다는 거예요.

정말 아름다운
광경이야!

정말 그러네!

하지만 무엇이 아름다운지에 대해서는 여전히 많은 의견들이 있어요.
예를 들어, 강렬한 석양의 아름다움을 부정하는 사람은 거의 없을 거예요.
이것은 *실제로* 아름다움이 보편적이고, 누구나 동의할 수 있는 의미를
*지닌다*는 것을 뜻해요. 자, 다시 시작점으로 돌아왔어요.

누가 아름다움을 판단하나요?

독일의 철학자 임마누엘 칸트는 아름다움이 주관적이라고 믿었지만, 사람들이 아름다움이라는 용어를 의미 있게 사용한다는 것도 알았어요. 칸트는 *모든 아름다운 것들이 가지는 공통된 조건*을 찾는 것은 불가능하지만, *사람들이 올바른 판단을 내리는 데 필요한 조건*은 *나열할 수 있다*고 주장했지요.

> 아름다운 예술 작품이군요!

> 그걸 어떻게 알아요? 왜 내가 당신의 의견에 관심을 가져야 하죠?

> 나는 예술을 공부했고, 수많은 예술 작품을 보았기 때문에 아름다움을 판단할 경험과 훌륭한 감각을 갖추고 있거든요.

칸트는 경험이 많은 비평가들은 훌륭한 판단을 내릴 수 있고 서로의 판단에 동의하는 경향이 있다고 주장했어요. 비평가들은 우리에게 문학, 예술, 음악 및 연극의 좋은 면을 알려 주기도 하고, 대회에서 심사 위원을 맡기도 해요. 비평가들도 각각 좋아하는 것에 차이는 있지만, 사람들은 대부분 비평가들의 의견을 믿어요.

> 심사 위원의 의견은 주관적이지만, 심사 위원들이 준 전체 점수는 *객관적인 가치*를 가지지요.

아름다움은 실재하는 것일까요?

고대 그리스의 철학자 플라톤은 '아름다움'을 '선함'과 연결시켰고,
이 모두를 현실 세계 밖에 있는 상상 속 이상 세계에 두었어요.
플라톤은 아름다움이란 사람들이 얻기 위해 노력해야 하는 궁극적이고
객관적인 가치이며, 그 누구의 의견에도 좌우되지 않는다고 생각했어요.

> 나는 이 세상에서 진정한 아름다움은 절대 볼 수 없다고 생각해.

> 이 백합은 어떤가요? 저는 이 꽃에서 아름다움을 볼 수 있어요.

> 그것은 단지 가장 아름다운 백합의 모사품에 불과하지.

> 오, 그 백합을 직접 보고 싶어요!

> 슬프게도 그 백합은 존재하지 않으니 볼 수 없을 거야. 세상에서 가장 아름다운 백합이라도 상상 속에 존재하는 완벽한 백합에 의해 만들어진 그림자에 지나지 않으니까.

하지만 '아름다움'과 '아름다운 것'을 분리한다는 건 이상하게 보여요.
우리는 현실 세계에서 아름다움을 경험하고 종종 다른 사람들과 그 경험을 공유하지요.

즐거움과 감각

고대 철학자들은 아름다움을 감각에서 비롯된 즐거움이나 감정적인 반응으로 정의했어요.

> 이 목걸이는 아름다워. 볼 때마다 나를 즐겁게 해 주거든.

> 냠냠! 아이스크림을 먹으니까 정말 즐거워.

> 이 수학 퍼즐을 풀면, 차분하게 생각하는 즐거움을 느낄 수 있지.

그러나 아름다움과 마찬가지로, 즐거움의 의미도 상황에 따라 달라져요.
아이스크림을 먹는 것은 감각적인 즐거움이지만, 아름다움에서 오는 즐거움은 아니에요.
퍼즐을 푸는 것도 감각이 아닌 마음에서 오는 즐거움이지요.

예술이란 무엇인가요?

과거에 예술은 종종 아름다움과 아름다운 것을 창조하는 일에 관련이 있었어요.
오늘날 많은 사람들은 아름다움을 찾는 것과 관계없이
일반적으로 '예술'에 대해 이해하고, 행복하게 대화하기도 해요.

여기서 예술이란 그리기, 칠하기 등 학교 미술 수업에서 할 만한 모든 것을 말해요. 하지만 '예술'은 더 많은 것을 의미하기도 해요.

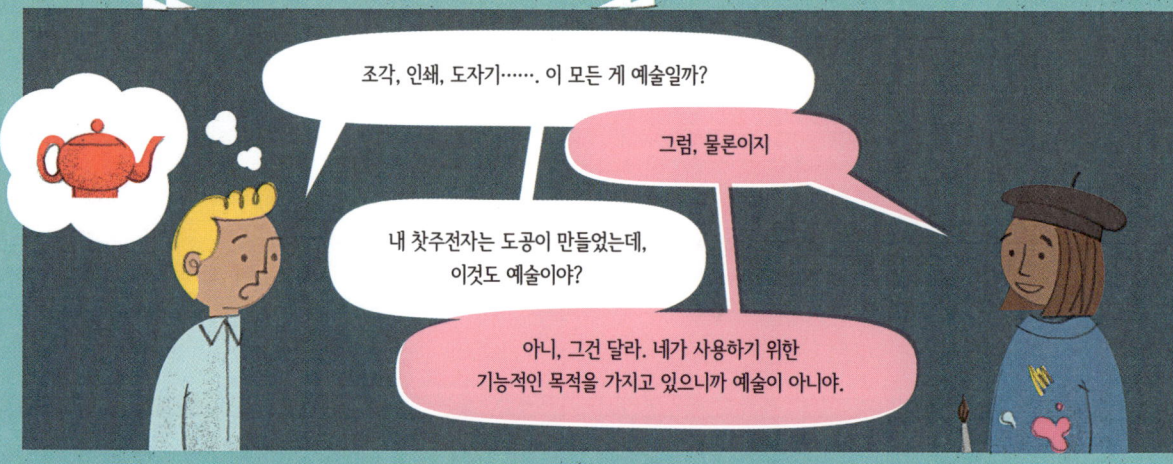

어떤 사람들은 벽에 그린 그림처럼 예술을 목적으로 만든 작품과 주전자나 의자 같이 기능을 위해 만들어진 물건을 구별해요. 그러나 기능적인 가정용품을 미술관에 전시하면 어떨까요? 이것은 예술이 될 수 있을까요?

이런 '미술관 시험'은 예술을 정의하는 한 가지 방법이지만, 모든 것에 적용되는 건 아니에요.
나무, 언덕, 심지어 커피에 우유 거품으로 그린 그림까지, 미술관 밖에도 수많은 예술이
전시되어 있어요. 예술을 어떻게 정의하든 항상 그 정의에서 벗어난 예를 떠올릴 수 있지요.

예술과 그 의미

백 년 전, 좋은 예술이란 아름다운 예술,
자연과 매우 비슷한 모습을 보여 주는 것으로 여겨졌어요.
사람들은 자연과 닮은 것에 예술적 의미를 부여했어요.

나무가 진짜처럼 보이는 게 아주 좋은 그림이로군요!

그러나 예술가들이 추상적인 아이디어를
실험하기 시작하고, *사물과 닮지 않은* 그림을
그리면서 예술의 의미나 주제가 희미해졌어요.
예를 들어 어떤 예술은 다양한 방식으로
해석될 수 있어요.

신문을 읽고 있는 사람으로 보이는데.

이건 악몽을 표현한 거야.

아니야, 이건 커다란 개구리야.

추상 예술이 점점 받아들여지면서,
사람들은 예술이 꼭 어떤 의미를
가질 필요가 있느냐고
묻기 시작했어요.

하지만 이건 예술이 아니야.
패턴일 뿐이지.
아무런 의미가 없어.

이 도형의 배열은
무척 재미있군.

그게 무슨 상관이야?

이러한 변화에도 불구하고, 예술이란 여전히 예술가가 직접 창조하거나
손으로 만든 작품이라고 생각했어요. 그러나 이 생각도 머지않아 완전히 뒤집혔어요.

예술의 경계를 넓히다

1917년 프랑스계 미국인 예술가 마르셀 뒤샹은 뉴욕에서 열리는 예술 전시회에 거꾸로 뒤집힌 소변기를 제출해 예술계를 뒤흔들었어요. 뒤샹은 소변기에 '샘(Fountain)'이라는 작품명을 달고, 'R.Mutt, 1917'이라는 서명을 적어 두었어요.

미술관은 '샘'을 진정한 예술 작품으로 인정할 수 없다며 전시를 거절했어요. 그 한 가지 이유는 예술가가 *만든* 것이 아니었기 때문이에요. 하지만 다른 사람들은 뒤샹이 그 소변기에 예술적 *의미*를 부여했기 때문에 *예술이라고* 주장했어요.

뒤샹의 소변기가 예술 작품이 *아니라고* 생각하는 사람은 손을 들어 보세요.

내가 미술관에 세면대를 전시한다고 상상해 봐. 그게 예술일까?

응. 네가 그것을 선택한 이유가 있다면 말이야. 뒤샹처럼 너도 평범한 물건에 이름을 붙여서, 우리에게 새로운 방식으로 그 물건을 보게 만들지도 모르지.

예술가들은 사람들에게 즐거움을 주기 위한 것만이 아니라, *생각하게 만드는* 작품을 창작하기 시작했어요. 이것은 어떤 것이 예술인지에 대한 거대한 논쟁을 불러일으켰어요. 이러한 논쟁은 새로운 예술 작품이 전시될 때마다 예술의 경계를 넓혀 주어요. 온통 파란색으로 칠한 캔버스나 가게에서 살 수 있는 비눗갑이 전시되었다고 생각해 보세요. 이것이 예술이 될 수 있을까요?

최근에는 일부 예술가들이 죽음, 부패, 공포라는 주제에 초점을 맞추어 관람객들에게 충격을 주는 예술 작품을 만들기도 해요. 때때로 이것을 홍보하는 기사 자체가 작품이 되기도 하지요.

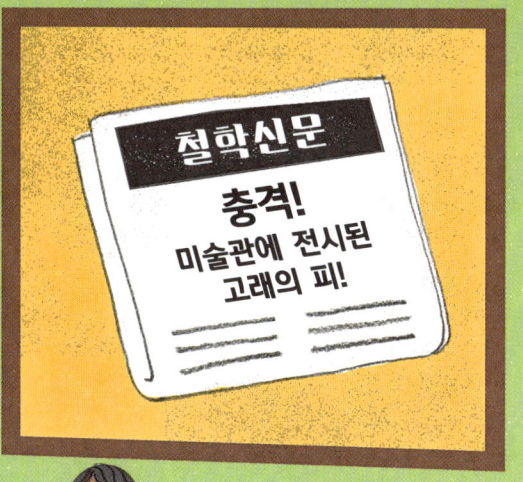

피의 소식
M. 레이시
2020

한 예술가가 미술관에 동물의 피가 담긴 양동이를 전시했다고 상상해 보세요. 그것은 예술일까요? 사람들은 이제 예술가들이 '예술'이라고 부르기로 한 모든 것이 예술이 될 수 있다고 생각해요. 특별한 '무엇'일 필요도 없어요. 어떤 예술가들은 **행위 예술** 공연을 펼치기도 하는데, 단 몇 초 만에 끝나기도 하지요.

으아아아아아!

도대체 무슨 일이야?

나도 몰라. 행위 예술이래.

새로운 예술을 이해하려고 할 때, 현재 널리 사랑받는 많은 예술가들이 첫 작품을 선보였을 때 거센 비판을 받았다는 사실을 잊기 쉬워요. 예술이 무엇이든지 간에, 이 장을 읽는 동안 우리가 생각하는 예술의 정의가 분명 바뀌었을 거예요.

> 만약
> 신이 선하다면,
> 어떻게 세상에 악이
> 있을 수 있을까요?

> 신의 존재를
> 증명할 수
> 있을까요?

> 세상이 왜 존재하는지,
> 왜 이런 모습인지
> 설명하기 위해
> 신이 필요할까요?

신은 존재할까요?

많은 종교에서는 신이 존재한다고 생각해요.
신에 대한 철학적 논쟁은 종종 기본적이면서도
아주 중요한 두 가지 질문에 초점을 맞추고 있어요.
신이 존재한다는 것을 증명할 수 있을까요?
아니면 반대로, 신이 존재하지 *않는다는* 것을 증명할 수 있을까요?
이 질문에 대한 답은 신에 대한 우리의 생각이나 개념이
무엇인지에 따라 달라질 거예요.

종종 철학자들은 신을 하나의 우월한 존재로 생각해요.
물론 이것이 신을 생각할 수 있는 *유일한* 방법은 *아니며*,
신을 전혀 믿지 않을 수도 있어요.
그러나 우리의 철학적 근육에 힘을 주고 논증을 시험해 보는 것은
무척 의미 있는 일이고, 물론 재미도 있을 거예요.

신에 관한 생각

신은 종종 신을 믿는 철학자인 신학자에 의해 **완벽한 존재**로 정의되어요.
하지만 완벽한 존재란 무엇을 의미할까요? 완벽한 *존재*라는 개념이 이해되나요?

실제로, 신학자들은 완벽한 존재가 *지녀야 한다*고 생각하는 여러 가지 특성을 제안했어요.
예를 들어, 신은 이런 특성을 가져요.

우리는 이 특성들이 실제로 신을 완벽하게 *만드는지* 의문을 가질 수도 있어요.
그 전에, 다른 질문의 대답을 생각해 보아요. 이러한 특성에는 어떤 것들이 포함될까요?
이 특성들은 서로 동시에 존재할 수 있나요? 이 특성들이 *이해가* 되긴 하나요?
예를 들어, *전능에* 관해 자세히 살펴보도록 해요.

전능

'밥'이라고 불리는 존재가 있다고 상상해 보세요. 밥은 신은 아니지만 전능해요. 밥은 물건을 만들고, 바꾸고, 옮길 수도 있어요. 우리가 말하는 건 뭐든지 할 수 있어요!

밥은 무엇이든 할 수 있어 보여요. *하지만* 자신도 들어 올릴 수 없는 정말 무거운 바위를 만드는 것도 가능할까요?

만약 밥이 들어 올릴 수 없는 바위를 만드는 것이 가능하다면, 밥이 할 수 없는 일이 생겨요. 바로, 그 바위를 드는 일이지요.

하지만 밥이 그 바위를 만들 수 *없다면*, 그것 또한 밥이 할 수 없는 일이 되어 버리지요.

어느 쪽이든, 밥은 *진정*으로 전능하지는 못한 걸로 보여요. 이 문제를 **'전능 역설'**이라고 해요.

'역설'이란 참된 전제에서 논리적인 추론을 하여 나온 결론이 거짓으로 보이는 경우를 말해요. 10~11쪽을 보세요.

계속되는 역설

이쯤에서 우리는 전능한 존재라도 *모든 일이* 가능할 수는 없다고 생각하게 될 거예요. 밥의 친구인 '몸이 없는 밥'을 상상해 보세요. 몸이 없는 밥도 거의 모든 일을 할 수 있지만, 몸이 없기 때문에 코를 풀거나 물을 마시는 등 몸을 사용하는 그 어떤 일도 할 수 없어요. 하지만 그것이 몸이 없는 밥이 전능하지 않다는 뜻일까요?

몸이 없는 밥
(밥을 볼 수 없다고 상상하면 돼요.)

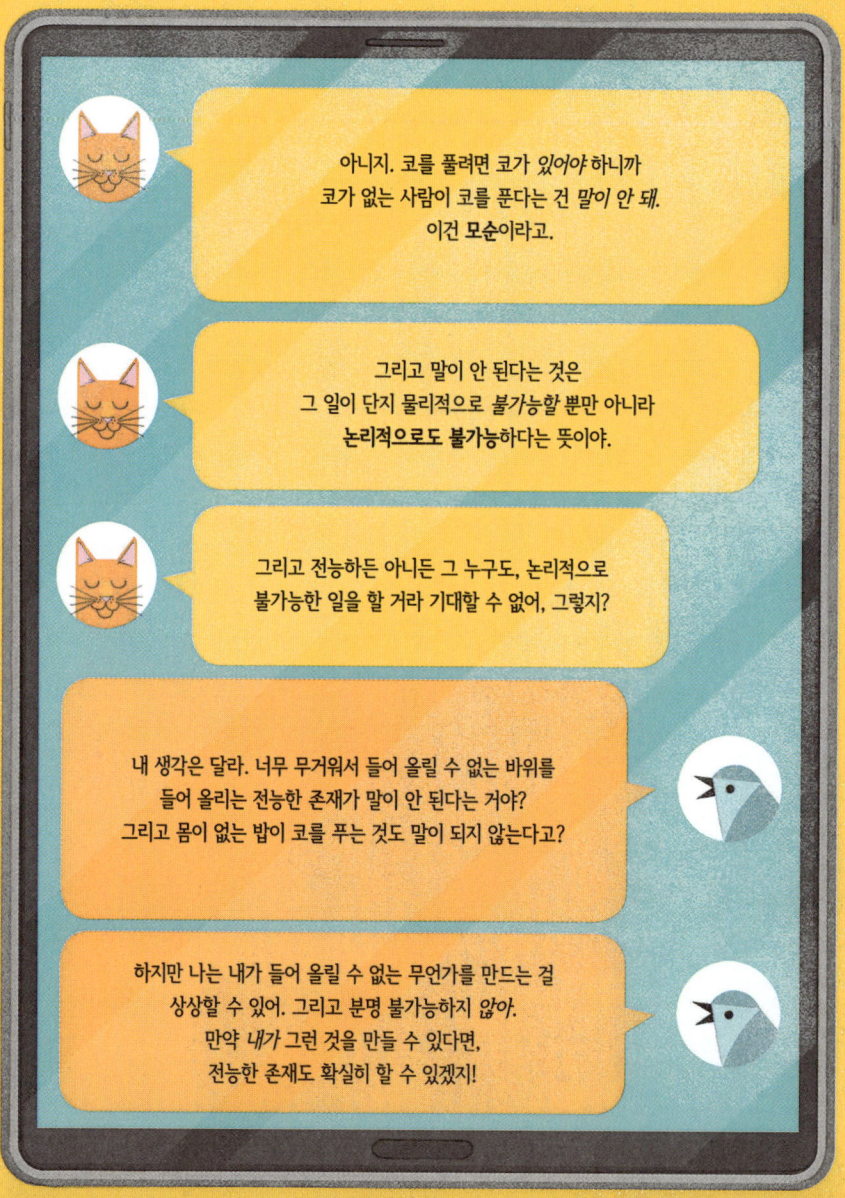

아니지. 코를 풀려면 코가 *있어야* 하니까 코가 없는 사람이 코를 푼다는 건 말이 안 돼. 이건 **모순**이라고.

그리고 말이 안 된다는 것은 그 일이 단지 물리적으로 **불가능할** 뿐만 아니라 **논리적으로도 불가능**하다는 뜻이야.

그리고 전능하든 아니든 그 누구도, 논리적으로 불가능한 일을 할 거라 기대할 수 없어, 그렇지?

내 생각은 달라. 너무 무거워서 들어 올릴 수 없는 바위를 들어 올리는 전능한 존재가 말이 안 된다는 거야? 그리고 몸이 없는 밥이 코를 푸는 것도 말이 되지 않는다고?

하지만 나는 내가 들어 올릴 수 없는 무언가를 만드는 걸 상상할 수 있어. 그리고 분명 불가능하지 *않아.* 만약 *내가* 그런 것을 만들 수 있다면, 전능한 존재도 확실히 할 수 있겠지!

절대로 불가능한 밥 만나기

절대로 불가능한 밥

해야 할 일

1. 밥의 목록에 있는 모든 것
2. 정사각형 모양의 원 만들기
3. 2 + 2 = 5 만들기
4. 들 수 없는 바위 만들기
  (이 정도는 문제없음)

절대로 불가능한 밥은 무슨 일이든 할 수 있어요. 불가능한 일이란 없지요.

신은 전능하다는 것에 동의한다고 가정해 보세요. 그것은 또 다른 문제를 가져올 거예요. 전능과 신의 다른 특성은 동시에 존재할 수 있나요? 이 질문의 가장 유명한 예는 **악의 문제**로 알려져 있어요.

악의 문제

종종 신은 전적으로 선하고 친절하다고 해요. 이것은 신이 결코 나쁜 일을 하거나 나쁜 일이 일어나도록 내버려 두지 않는다는 것을 의미하는 것 같아요. 하지만 사람들은 항상 나쁜 일을 해요. 만약 신이 존재하고 또 선하다면 왜 그 사람들을 내버려 둘까요? 이 문제를 **악의 문제**라고 해요.

이게 왜 심각한 문제인 거야?

음, 넌 다음과 같이 주장할 수 있을 거야.
1. 신과 악은 논리적으로 양립할 수 없다. 즉 신과 악 둘 다 존재할 수 없다.
2. 우리는 악이 존재한다는 것을 안다.
따라서……
3. 신은 존재할 수 없다.

하지만 사람들이 신은 선할 뿐 아니라 모든 것을 아는 전지하고 전능하다고 믿는다면, 악의 문제는 단 하나의 문제일 뿐이에요.

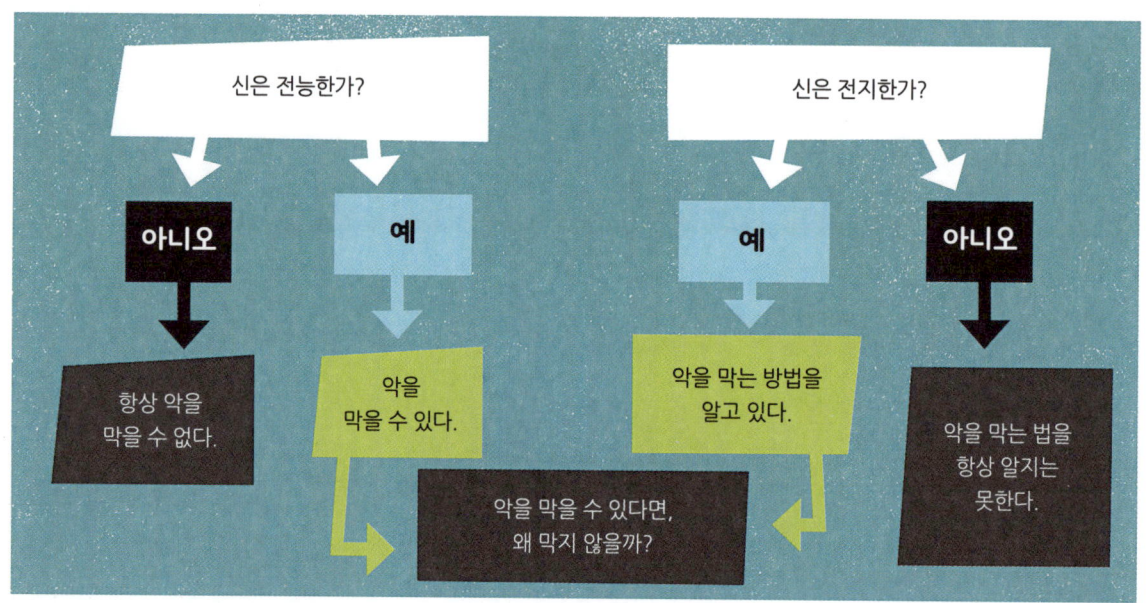

만약 선한 존재와 나쁜 일이 일어나도록 내버려 두는 일이 동시에 존재할 수 *없다면* 어떻게 될까요?

우리 아빠는 날 억지로 일찍 재워서 기분이 나빠. 하지만 다음날 학교에 가서 피곤하지 않을 테니 좋은 일이야.

그래, *어떤* 나쁜 일들은 좋은 일이 될 수도 있지. 하지만 모두 그럴까? 악의 문제를 해결하려면, 모든 나쁜 일이 어떻게 일일이 좋은 일로 바뀌는지 설명해야만 해.

어떤 종교인들은 나쁜 일이 일어나는 이유가 그것이 더 좋은 결과를 가져오리라는 것을 신이 알기 때문이라고 말해요. 우리가 그것을 충분히 이해할 수 있을 만큼 똑똑하지 않다는 건 중요하지 않지요. 하지만 이 대답에 만족하지 않는다면, 악의 문제에 관한 모든 증명을 피하는 또 다른 논증이 있어요.

선택할 자유

많은 종교에서 사람들이 자신의 삶에서 자유롭게 선택할 수 있는 능력인 **자유 의지**를 매우 중요하게 생각해요. 어떤 철학자는 자유 의지 그 자체가 위대한 선이며, 따라서 신은 사람들이 자유 의지를 가지기를 원한다고 주장해요. 하지만 사람들이 자유 의지를 가지는 한, 사람들이 나쁜 일을 선택할 수도 있다는 것을 의미하지요.

믿어야 하는 이유

수 세기 동안 많은 철학자들은 추론에 근거하여 신이 있다고 믿을 좋은 논증을 보여 주려 했어요. 철학자들의 좋은 논증을 함께 살펴보아요.

목적론적 증명

세상은 아름답고 환경에 잘 어울리는 생물들로 가득 차 있어요. 이 모든 것이 우연히 일어났다는 것은 믿기 힘들어요. 분명 누군가 의도를 가지고 만들었고, 그 누군가는 바로 신처럼 강력한 존재일 수밖에 없다는 것이 확실히 나은 설명 같아요.

> 잠깐, 이것을 설명하는 데 신은 필요하지 않아! 진화론은 생물이 어떻게 서식지에 적응했는지 설명해 주지. 그건 자연의 한 부분이라고.

> 하지만 자연이나 우주가 어떻게, 왜 그렇게 만들어졌는지 설명할 수 있어? 확실히 이 문제는 다른 논증이 나오기 쉽지.

목적론적 증명은 점점 발전하여 다른 이론이 생겨났어요.

미세 조정된 우주

1. 만약 자연의 법칙이 조금이라도 달랐다면 우리의 현실은 존재하지 않았을 거예요.

2. 사물이 현재처럼 있는 그대로 존재할 확률은 아주아주 작아요. 다시 말해, 우리의 현실이 존재한다는 것은 정말 놀라운 일이에요.

3. 존재 가능성이 아주 작은 것이 우연히 존재할 수 있다는 것은 믿기 힘들어요.

4. 누군가 의도적으로 그것을 존재하게 만들었고, 그리고 그것은 신일 가능성이 높아요.

미세 조정된 우주를 시험하기 위한
사고 실험을 살펴보아요.

톰은 복권에 당첨되었어요.
무려 139,838,160분의 1의 확률이지요.

복권
당첨자

모든 사람들이 톰은
운이 좋았다고 생각해요.

다음 주에 톰은 복권에
또다시 당첨돼요.
복권에 당첨될 확률은 같아요.

어떤 사람은 톰이 정말
운이 좋다고 생각하지만,
다른 사람들은 부정행위가
있었을 거라 의심하기 시작해요.

그리고 셋째 주에도 똑같은 일이 일어나요.

이렇게 운이 좋을 리가 없어!

누군가 정보를 준 게 틀림없어!

복권
당첨자

거의 가능성이 희박한 일이 일어날 때 우리는 그것이 모두 운에 달려 있다고 믿기 어려워요.
그래서 대안이 되는 설명이나 이유를 찾으려는 경향이 있어요.

하지만 우리가 이유를 찾는 *경향이* 있다고 해서 반드시
이유가 *있다*는 것은 아니에요. 나는 이 실험이 우주의 기원에 대한 것보다
사람들의 관심거리에 대해 설명하는 데 더 적합하다고 생각해요.

미세 조정된 우주가 창조자의 존재를
보여 준다고 해도, 우리가 생각하는 것처럼
창조자가 *신이라*는 것을 증명해 주지는 *않아요.*

물론 이 주장으로 신의 문제가 끝나는 건 아니에요.
신의 존재를 설명하는 목적론적 증명이 충분히 납득이 되지 않는다면,
또 다른 주장들이 있어요.

61

존재론적 증명

약 천 년 전, 철학자이자 수도사인 캔터베리의 안셀무스는 **존재론적 증명**을 내세웠어요. 안셀무스는 신이 반드시 존재한다는 것에 동의하도록 강요하는 신의 개념에는 무언가 특별한 것이 있다고 말했어요. 이 말을 이해하려고 골머리를 앓고 있다면, 걱정 마세요. 무척 어려운 말이니까요.

안셀무스의 존재론적 신 증명

1. 신은 우리가 상상할 수 있는 <u>가장 큰 존재</u>이다.
2. 모든 물체는 <u>우리의 상상 속에만</u> 존재하거나, 우리의 상상과 현실에 존재한다.
3. 현실에 존재하는 것은 상상 속에서만 존재하는 것보다 더 크다.
4. 신이 상상 속에서만 존재한다고 가정하자.
5. 신은 가장 큰 존재가 <u>될 수 없다</u>.
6. 따라서 신은 사람들의 상상 속에서 뿐만 아니라 현실에서도 존재해야 한다. 신은 <u>반드시</u> 존재한다!

이 논증은 이해하기 꽤 어려운 데다가, 거의 확실하게 틀렸어요. 정확히 무엇이 잘못되었을까요? 여기 몇 가지 의견이 있어요.

- 반드시 신을 가능한 가장 큰 존재로 정의해야 하나요?
- 상상 속에서 존재하는 것보다 실제로 존재하는 것이 어떤 면에서 더 큰가요? 이것도 말이 되나요?
- 만약 '신'을 '아이스크림'으로 바꾸면, 가능한 가장 큰 아이스크림이 존재한다는 것을 증명할 수 없을까요?
- 이 논증은 단지 신의 존재만을 정의하는 걸까요?

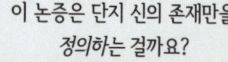

신의 존재에 대한 몇 가지 논증이 더 있어요.

종교적 경험

많은 사람들은 자신이 신에 의해 종교적인 경험을 했다고 믿어요. 이런 경험은 신의 존재에 대한 증거로 인정될 수 있어요.

우주론적 증명

모든 것에는 원인이 있어야 해요. 원인은 더 이상 원인이 필요 없는 어딘가에서 멈추어야 해요. 하지만 우리는 영원히 원인을 찾을 수 없어요. 그렇다면 원인의 유일한 후보는 신이지요.

17세기 프랑스의 사상가 블레즈 파스칼은 또 다른 주장을 펼쳤어요. 파스칼은 비록 신의 존재를 증명하는 것은 불가능하지만, 신을 믿는 것이 가장 합리적인 일이라고 사람들을 설득했지요.

파스칼은 당시 많은 사람들처럼 만약 신이 존재하는데 신을 믿지 않으면 죽은 후에 벌을 받게 될 것이라 믿었어요. 만약 신을 믿고, 좋은 사람이었다면 보상을 받겠지요. 이를 염두에 두고 파스칼은 사람들에게 신을 믿을 때와 신을 믿지 않았을 때 가능한 모든 결과를 살펴보도록 권유했어요.

파스칼의 내기	신은 존재한다	신은 존재하지 않는다
신을 믿는다	죽으면 영원한 행복	죽으면 아무 일도 일어나지 않는다
신을 믿지 않는다	죽으면 영원한 고통	죽으면 아무 일도 일어나지 않는다

파스칼은 영원히 고통 받을 위험이 너무 크다고 느꼈어요. 파스칼에 따르면, 이성적인 사람은 신의 존재를 확신할 수 없더라도, 신이 존재한다고 믿는 것에 인생을 걸 거예요.

왜 정부의 말을 들어야 하나요?

어떻게 모든 사람을 동등하게 대할 수 있을까요?

'사유 재산'에 대한 모든 생각은 공평한가요?

어떤 정치가 가장 좋은 걸까요?

정치는 사람들의 집단이 어떻게 결정을 내리고 함께 일하는가에 관한 것이에요. 나라를 운영하는 정부, 사회에 함께 사는 사람들, 행사를 조직하려는 친구들, 이 모든 것을 정치로 볼 수 있어요.

정치 철학자들은 무엇이 집단을 평화롭고 공정한 방식으로 일하게 만드는가에 관심이 있어요. 그래서 어떻게 사회가 조직되어야 할 것인지에 관한 다양한 관점을 탐구해요. 정치 철학자들은 단지 탐구만 하는 것이 아니라 정부가 국가를 운영하는 방식에 영향을 미치지요.

우리는 모든 것을 소유해야 할까요?

사람들이 책, 자전거, 집 등 자신의 물건에 관해 이야기할 때, 그것은 보통 **사유 재산**을 의미해요. 사유 재산은 특정한 개인이나 집단이 사용하는 것이에요. 주인의 허락 없이는 다른 사람이 사용할 수 없기 때문에 개인이 소유한다는 뜻의 '사유'라고 표현하는 거예요.

사람들은 종종 누가 무엇을 소유하는지에 대해 의견이 맞지 않아요.
사유 재산을 둘러싸고 너무나 많은 의견 차이가 생기기 때문에,
철학자들은 사유 재산이 실제로 사람들에게 더 나은 사회를 만들어 주는지 의문을 가져요.

여기 사유 재산에 관한 논쟁이 하나 있어요.
어부들이 모두 같은 장소에서 낚시를 하고 있다고 상상해 보세요.

처음에는 모든 사람들이 물고기를 많이 잡아 돈을 많이 벌 수 있었어요.
하지만 머지않아 물고기가 더는 남아 있지 않았지요.
이것은 사고 실험이 아니라, 실제로 전 세계 바다에서 일어난 일이에요.

사유 재산에 찬성하는 사람들은 그 공간이 사유 공간이 아니었기 때문에
물고기가 남지 않은 거라고 주장해요. 그 누구도 책임을 지지 않으니까요.
만약 그곳이 한 어부나 어부의 집단이 소유한 사유 공간이었다면,
책임감 있게 낚시를 하고, 항상 물고기를 남겨 두었을 거라고 주장하죠.
이 주장은 실제로 사실일까요?

첫 번째 반대

위 주장은 공간이 공유되었기 때문에 엉망이 되었다고 말해요.
하지만 역사적으로 공동 재산은 사실 책임감 있게 사용되었어요.
500년 이상 목초지를 망가뜨리지 않고 공유한
스위스의 산악 마을이 가장 대표적인 예에요.

두 번째 반대

사유 재산이 *모든 사람*에게 더 좋은 결과를 가져다준다는 생각에 반대할 수도 있어요.

여러 나라들이 많은 양의 음식을 낭비하는 동안,
어떤 사람들은 굶주리고 있어.

음식을 개인이 소유하지 않고 공유할 수 있다면,
사람들은 배고프지 않을 거야.

음식은 사적인 것이기 때문에 사람들이
자신의 것을 나누어 주려고 할 때만 공유할 수 있어.
그런데 대부분이 그렇게 하지 않지.

이 주장은 사유 재산이 항상 *나쁘다*는 것을 증명하려는 것이 아니에요.
단지 사유 재산이 *필요하지* 않을 수도 있다는 것을 보여 주지요.
실제로 어떤 정부는 식량이나 주택 같은 일부 재산을 공유하는 사회를 만들려고 노력했어요.
그러나 *공평하게* 나누는 방법을 결정하는 것은 또 다른 새로운 문제를 불러와요.

평등이란 무엇일까요?

대부분의 사람들은 모든 사람을 평등하게 대해야 한다는 데 동의해요.
하지만 그것이 무엇을 의미하는지는 명확하지 않아요.
많은 사람들이 우리 주변에 보이는 불평등에 불만을 느끼지만,
평등한 사회가 어떤 모습인지는 분명하지 않아요.

엄격한 평등

평등을 바라보는 방법에는 여러 가지가 있어요. 가장 단순한 방법은 모든 사람을 *정확히* 같은 방식으로 대우하고 모든 사람에게 똑같은 것을 나누어 주는 것이에요.

난 안경이 필요하지만 내 딸은 필요 없어. 낭비라고 생각하지 않니?

맞아요! 우린 모두 똑같은 안경을 받았지만, 그걸 쓰면 내 시력은 오히려 더 나빠질 뿐이에요.

하지만 사람들은 모두 다르고 각자의 요구가 있기 때문에 똑같은 접근 방식은 적합하지 않아요. 평등은 *똑같다*는 의미가 아니에요. 사람들을 정확하게 똑같은 방식으로 대하지 않고도 평등하게 대할 수 있어요. 모든 사람이 영화를 평등하게 즐길 수 있도록 하려면……

시력이 약한 사람에게는 안경을 줘요.

청각 장애가 있는 사람에게는 보청기를 제공해요.

하지만 모든 사람을 위해 변화를 줄 필요는 없어요.

할 일이 영화 관람뿐이라면 이런 방법으로 충분해요.
우리는 모두 영화를 즐기길 원하니까요. 그러나 사회 전체를 생각하면 어떤가요?
우리는 평등을 원하지만 어떤 종류의 평등을 원하나요?

모든 사람의 요구를 만족시켜요

여기 한 가지 제안이 있어요. 모든 사람의 요구를 평등하게 충족시키는 거예요.
모든 사람에게 같은 것을 똑같이 나누어 준다는 말이 아니에요.
모든 사람의 요구는 평등하게 만족시킬 가치가 있다는 것을 의미해요.
만약 누군가가 어떤 것에 접근할 수 없다면, 그것을 그 사람에게 *제공해야* 한다는 말이에요.

많은 사람들은 생존의 어려움을 겪지 않는 한, 어떤 종류의 불평등은 용납될 수 있다고 생각해요.
예를 들어 어떤 사람은 다른 사람보다 돈을 더 많이 가지고 있죠.
하지만 다른 사람들은 기본적인 요구를 만족시키는 것만으로는 충분하지 않다고 생각해요.
다른 중요한 문제들도 평등해야 하지요. 평등에 대한 다른 접근 방법을 살펴보아요.

행복의 평등

어떤 철학자들은 모든 사람을 똑같이 행복하게 만드는 것이 최선이라고 생각해요.
사람들의 일반적인 기본 요구를 충족시킨 후, 원하는 것을 추가로 지원하는 것을 의미해요.
물론 사람들의 행복의 기준은 다르기 때문에 서로 다른 지원이 주어져야 해요.
하지만 목표는 모든 사람이 평등하게 만족하는 거예요.

합리적으로 들리나요? 글쎄요, 다음 예를 보세요.

기회의 평등

모두가 같은 기회를 갖도록 하는 것은 어떨까요? 어떤 사람들은 태어난 곳과 같이
자신이 통제할 수 없는 것들 때문에, 인생의 기회에 접근하지 못하기도 해요.
따라서 모든 사람이 공정한 기회를 가질 수 있도록 기회의 장벽을 없애는 것이 그 목표예요.
다음은 모든 사람이 교육에 접근할 수 있도록 돕는 몇 가지 방법이에요.

접근성
장애가 있는 학생들도 쉽게 다닐 수 있어야 해요.

좋은 위치
누구나 쉽게 학교까지 갈 수 있어야 해요.

무료 급식
배고픔 때문에 배움을 놓쳐서는 안 돼요.

특별한 도움
특별한 도움이 필요한 사람들을 돕기 위해 훈련된 교사가 있어야 해요.

무료
부유하든 가난하든 배울 수 있어야 해요.

이러한 기회들이 주어졌는데, 만약 누군가는 더 좋은 성적을 얻는 등 결과가 불공평하게 나온다면
이는 단순히 사람들에게 원인이 있는 게 분명해요. 또는 운이 좋았거나요. 과연 그럴까요?
다음 상황을 생각해 보세요. 케이의 부모님은 영어와 중국어 2개 국어를 할 줄 알아요.
따라서 케이도 영어와 중국어를 모두 할 수 있어요.

케이는 많은 사람들보다 유리해요.
하지만 부모가 자녀에게 자신의 언어로
말하지 못하도록 정부가 지시하는 것은
옳지 않아요. 그렇지 않나요?

이것은 내가 한 언어만 말하는 사람이 가질 수 없는 기회에 접근할 수 있다는 걸 의미하죠.

공평하게 공유하는 방법을 찾기란 쉽지 않아요. 그러나 대부분의 사람들이 동의하는 것이
하나 있어요. 평등이 무엇인지 정확히 알지 못하더라도, 우리가 무언가를 평등하게 누리는 동안,
어떤 사람들은 살아남기 위해 고통 받거나 어려움을 겪어서는 안 된다는 거예요.

제한된 자유

대부분의 사회에는 그 누구도 해서는 안 되는 일들이 있어요.
그리고 많은 철학자는 만약 어떤 이들의 이익을 위해서라면,
자유를 제한하는 것은 괜찮다고 주장해요. 이것을 '**온정주의**'라고 해요.

이러한 법 중 일부는 합리적으로 보이기에 반대하지 않을 거예요.
하지만 법이 다른 방식으로 우리의 선택을 제한한다면 다르게 느낄지도 몰라요.
대부분의 사람은 자신이 어떻게 살 것인지 스스로 선택하길 원해요.
그것이 유익하지 않더라도 말이에요. 예를 들면 다음과 같아요.

어떤 철학자들은 누군가가 원치 않는데도
그 사람들을 위해 선한 일을 하는 것은 불가능하다고 말해요.
그러나 온정주의가 사람들에게 도움이 되는 경우도 있어요.

교통 신호 체계와 같이 엄격한 규칙을 만드는 것은 **'엄격한 온정주의'**라고 해요.
이와 달리 **부드러운 온정주의**는, 자신이 무슨 일을 하고 있는지 모르는 사람의 경우에만,
그 자유를 제한할 수 있어요.

부드러운 온정주의는 사람들이 자유를 누리도록 해요. 다만, 자신이 무엇을 하는지 모르는 사람들을 보호해요. 이 생각에 반대한다면, 개인의 자유보다 더 중요한 것이 있다고 생각하기 때문이에요.

대부분의 사람들이 어느 정도 온정주의를 인정해요.
하지만 어떤 사람들은 규칙으로 인해 선택의 자유를
너무 많이 제한한다면 사회가 지나치게 통제되고,
심지어 위험해질 수도 있다고 걱정해요. 모든 사회는 사람들의 자유를 조금씩 제한해요.
누구나 어떠한 규칙을 따라야 하기 때문이에요. 그런데 누가 이런 규칙을 정하는 걸까요?

누가 규칙을 정해야 하나요?

대부분의 국가는 정부가 법률을 만들거나 다듬고, 국가를 운영해요.
또한 사람들이 정부의 말을 따르도록 힘을 사용할 수 있어요.
그런데 왜 다른 집단이 아닌 정부가 그런 일을 하는 걸까요?

아무나 법을 만들고 따르도록 강요한다면, 그 법을 받아들일 사람은 거의 없을 거예요.
하지만 정부는 이런 일을 하지요, 어떤 차이가 있을까요?
바로 **정당성**의 문제에요. 정부가 법을 만들고 시행하는 것은 허용되어요. 하지만 왜, 무엇이 정부를 특별하게 만드는 것일까요? 왜 법을 지켜야 하고, 정부의 말을 들어야 할까요?

아니오, 법을 지키면 안 돼요

무정부주의자들은 우리가 정부의 말에 따를 의무가 없다고 생각해요. 무정부주의자들은 정부가 운영하는 경찰도 마음대로 법을 만드는 사람과 실질적으로 차이가 없다고 생각해요.

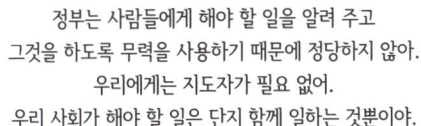

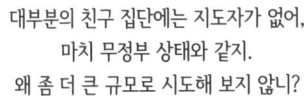

네, 법을 지켜야 해요

어떤 철학자들은 정부가 정당하다고 생각해요. 왜냐하면 시민들이 이에 동의했기 때문이죠. 철학자들은 시민들이 자발적으로 법을 따를 것에 동의하고, 경찰이 자신을 보호하기 위해 법을 집행하도록 허용한다고 주장해요. 이것을 '**사회 계약론**'이라고 해요.

무엇이 동의로 간주되는지 정의하기 어렵지만, 이 생각은 왜 대부분의 사람들이 법의 지배를 받아들이는지 설명해 주어요. 간단히 말해, 혼자 사는 것보다 다른 사람과 함께 사는 것이 더 낫다고 생각되면, 몇 가지 규칙을 따르는 데 동의하는 것이 합리적이지요.

거짓말을 해도
괜찮을까요?

싸움이
정당화될 수
있을까요?

모든 사람이
반드시 지켜야 할
도덕 규칙이
있을까요?

어떻게 사는 것이 옳을까요?

우리는 어떻게 살아야 할까요? 친구, 가족, 낯선 사람,
우리에게 명령을 내리는 사람들이나 우리에게 봉사하는
사람들을 대할 때 어떻게 행동해야 할까요?

삶의 모든 영역에는 우리가 어떻게 행동하고
주변 사람들을 대해야 하는지 알려 주는 행동 양식이 있어요.
이를 '**도덕률**'이라고 하지요.
이러한 규칙을 살피고 우리가 올바른 일을 결정하는 데
도움을 주는 철학 분야를 '**윤리학**'이라고 해요.
윤리학은 세상을 더 좋고 공평한 곳으로 만드는 데
도움을 주는 권리와 의무 같은 가치를 다루지요.

도덕이란 어디에 사용되는 걸까요?

도덕률은 우리에게 무엇을 하고 어떻게 행동해야 하는지를 알려 주는 규칙과 같아요.
도덕률은 우리가 결정을 내리거나, 자신의 행동에 대한 책임을 지고,
또 모든 까다로운 문제를 다루는 데 유용한 도구를 제공하지요.

왜 해야 할까?

'~해야 한다'라는 단어는 규칙이나 도덕적인 말에 자주 등장해요.
'~해야 한다'는 말 중 일부는 도덕적이라기보다는 아주 실용적인 것들이죠.

하지만 어떤 '~해야 한다'는 말은 도덕적이에요. 이 말들은 정당화하기 위해 더 까다롭게 생각해야 해요.

> 사람을 발로 차면 안 돼.

> 왜 안 돼?

> 사람을 다치게 하는 것은 잘못된 행동이기 때문이야.

> 사람들이 그렇게 말하는 건 알아. 하지만 *왜* 그게 잘못된 거야?

> 글쎄, 만약 네가 사람들을 다치게 한다면, 그 사람들도 너에게 똑같이 할지도 몰라. 모든 사람이 그렇게 행동한다고 상상해 봐.

> 그래서 다른 사람을 다치게 하지 않는 이유는 나 자신을 보호하기 위해서야?

> 그뿐만이 아니야. 다른 사람이 어떻게 *느끼는지도* 중요하지. 사람들이 서로를 다치게 하지 않는다면 세상은 *더 살기 좋을* 거야.

> 그래서 내가 다른 사람을 소중하게 대하고 더 나은 세상에 살고 싶다면, 다른 사람들을 다치게 하지 말아야 하는 거네.

> 그렇지.

여기서 사람들을 발로 차지 말아야 하는 최종적인 이유는, 더 나은 세상에 대한 믿음이 전제 조건으로 달려 있어요. 사람들이 서로 해치지 않는 세상에 살고 싶어 하는 마음은 도덕규범을 따라야 하는 좋은 이유가 되지요.

도덕은 어디에서 오는 걸까요?

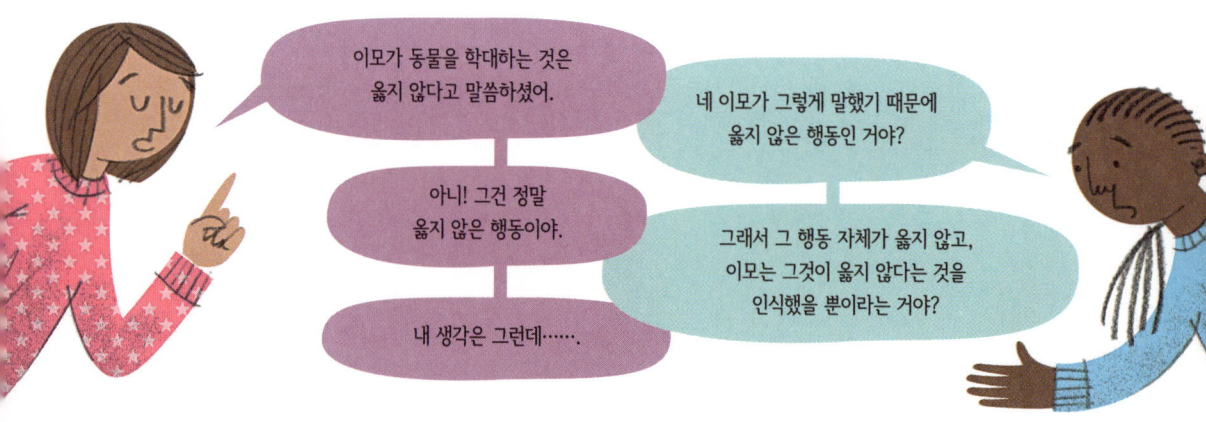

대부분의 사람들은 살아가면서 가족, 학교, 종교, 책, 대중 매체로부터 도덕률을 배워요.
그런데 누군가의 *말만을* 근거로 삼아 사물을 판단하는 것이 타당한가요?
그 사람을 도덕 지식의 원천으로 신뢰할 수 있나요?
아니면 여러분 스스로 옳고 그른 것을 판단하는 것이 나을까요?
어떤 철학자들은 종교가 거대한 사고 실험과 같다고 주장해요.
사람들은 신이나 더 높은 존재로부터 오는 도덕이 누군가의 이모보다 더 많은 권위를 가진다고 생각해요.

어떤 사람들은 단순히 신이 그렇게 말했기 때문에 도덕 규칙이 참된 것이라고 생각해요.
다른 사람들은 *단지* 신이 그렇게 말했기 때문에 도덕이 참된 것이라면, 도덕이 신보다
더 약한 것이라고 생각해요. 하지만 만약 도덕이 이미 바깥세상 어딘가에 존재하고
이 때문에 우리가 인식할 수 있다면, 도덕이 더 높은 가치를 가지지요. 그런데 도덕이
인간이나 신과 독립적으로 존재하는 것이 가능할까요? 아니면 누군가 그것을 만들었을까요?

왜 옳은 일을 할까요?

대부분의 사람들은 적어도 *어느 정도* 옳은 일을 하려는 경향이 있어요. 자신보다 다른 사람을 돌보는 이타적인 행동은 도덕적으로 좋은 것으로 여겨져요. 그러나 진정으로 이타적인 행동을 하는 것이 가능할까요? 아니면 항상 어떤 식으로든 자신에게 도움이 되는 일을 하려 할까요? 어떤 철학자들은 이타적인 것처럼 보이는 많은 행동들이 이기적인 동기를 숨기고 있을 거라 주장해요.

만약 우리가 관대한 행동의 대가로 보상받을 것을 믿는다면, 이것이 도덕적으로 옳은 일일까요? 다른 사람들을 도우면 기분이 좋아져요. 하지만 이것이 도덕적으로 옳지 않다는 것을 의미하나요? 만약 보상이 단지 좋은 느낌뿐이라면, 대부분의 사람들은 세상에 *많이 존재하는* 이타적인 행동이 도덕적으로 옳은 것이라는 데 동의할 거예요.

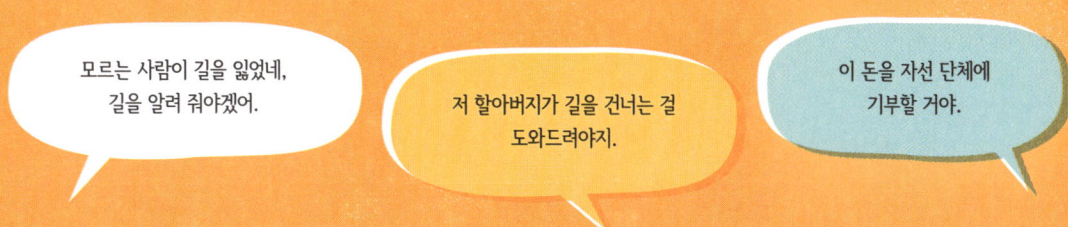

어떤 행동이 옳은지 결정하기 위해, 철학자들은 도덕성을 바라보는 방법을 발전시켜 왔어요. 그중 몇 개가 **공리주의**, **의무론**, **덕 윤리학**이에요.

행복의 추구

도덕적 딜레마에 직면했을 때, 옳은 행동은 어떻게 *결정할까요?*
한 가지 해결책은 가장 많은 사람에게 가장 큰 이익이나 가장 큰 행복을
가져다주는 것을 선택하는 것이에요. 이러한 생각을 '**공리주의**'라고 해요.

공리주의는 행동의 *결과*, 특히 그로 인해
이익을 얻게 될 사람들의 수와 얼마나 많은 이익을
얻게 되는지에 초점을 맞추어요.

공리주의의 장점은 무엇일까요?

어떤 행동이 도덕적으로 옳은지
판단하는 명확한 기준을 제공해요.

다른 집단의 사람들을 다르게 대하지
않아요. 오직 그 수를 따질 뿐이에요.

사람들이 행동의 결과를 고려하는 데
도덕적으로 더 책임감을 느끼도록 해요.

대부분의 사람은 전반적인 행복을 높이고
피해를 줄이는 것이 가치 있는 *결과*를
가져올 것이라는 데 동의해요.

전체 행복의 양이 소수의 슬픔보다 크다면,
공리주의자들은 이 일을 하는 것이
도덕적으로 옳다고 말해요.

공리주의는 종종 정부에서 큰 결정을 내리는 데 사용되어요.
예를 들어, 소수의 사람들이 이사하여 수천 명의 사람들에게
혜택을 주는 수력 발전 댐을 건설하는 경우를 말해요.

하지만 공리주의는 어떤 결정으로 이익을 얻지 못하는
소수의 사람들의 권리나 상황을 고려하지 않아요.

공리주의의 단점은 무엇일까요?

낮은 행복

다수의 행복을 위해
소수의 고통을 정당화해요.

행복의 의미는 사람마다 달라요.

다른 사람들과 비교하지 않고
어떻게 한 사람의 행복을
정의할 수 있나요?

얼마나 큰 행복이 생겨날지는
항상 예측하기 어려워요.

분명히 모든 사람에게는
권리가 있어요. 공리주의는
개인의 권리를 생각하지 않아요.

때때로, 옳은 일이라고 생각하는 것이
항상 다수가 원하는 것이거나
가장 많은 행복을 주는 것은 아니에요.

다수가 자신들의 행복을 위해서
소수를 희생시키고, 그것을 정당하다고
생각할 수도 있어요.

행동을 판단해요

도덕적 결정을 내리는 또 다른 방법은 결과가 아니라 행동에 집중하는 것이에요.
이것을 '**의무론**'이라고 해요. 의무론은 규칙에 따라 옳은 일을 결정해요.
학급 전체가 처벌받지 않기 위해 가장 친한 친구를 배신해야 하는 상황에서
어떤 결정을 내려야 할지 상상해 보세요.

강경한 입장의 의무론자들은 30명이 처벌받더라도 친구를 배신하지 *않는* 쪽을 선택해요.
이 철학의 한 가지 문제는 그 결정이 융통성과는 거리가 멀다는 거예요.
상황에 따라 무엇이 옳고 그른지에 대해 의견이 바뀌는 것을 허용하지 않아요.

행동에 초점을 맞춘다면, 선택은 친구를 배신하느냐 배신하지 않느냐 둘 중에 하나예요.
하지만 학급 전체가 심한 처벌을 받거나 친구가 정말 나쁜 일을 저질렀다면,
고집스러운 태도가 더 이상 올바른 선택으로 *느껴지지* 않을 거예요.
우리는 때때로 *직관*, 즉 *옳다는 느낌*에 의존해 도덕을 판단해야 할지도 몰라요.

선한 사람들이 하는 일을 하라

도덕적인 선택을 하는 또 다른 방법은 선하거나 도덕적인 사람이 어떻게 행동할지를 상상하는 거예요. 이를 '**덕 윤리**'라고 해요. 이를 위해서 먼저 선한 것이 무엇을 의미하는지 정의할 필요가 있어요. 선한 사람이나 도덕적인 사람이 할 것으로 예상되는 일은 다음과 같아요.

선한 사람이 어떤 자질을 갖추어야 하는지에 대해 동의한다고 해도 또 다른 문제가 생겨요. 덕 윤리는 옳은 일이 무엇인지 알아내는 믿을 만한 방법을 제공하지 않아요.

규칙은 상대적이에요

가족마다 행동 방식이 달라요. 학교, 지역, 국가도 마찬가지예요. 어떤 철학자들은 우리가 속한 공동체에 따라 도덕적 판단이 참이나 거짓이 될 수 있다고 해요. 따라서 어떤 도덕 규칙은 장소에 따라 맞을 수도 있고 틀릴 수 있어요.

두 명의 남편을 가지는 것이 잘못된 일일까요? 만약 **도덕적 상대주의자**라면 이 질문에 대한 답이 하나라고 생각하지 않을 거예요.
두 명의 남편을 가지는 것은 한 관점에서는 잘못일 수 있지만, 다른 관점에서는 옳을 수 있어요.
다른 공동체에서 온 두 사람은 옳은 일이 무엇인지에 대해 의견이 다를 수 있지 않을까요?
이것은 마치 어디가 왼쪽인지에 관해 누군가와 의견이 맞지 않는 것과 같아요.
둘 다 '왼쪽'의 의미를 알고 있어요. 그리고 둘 다 왼쪽을 가리킬 수 있지요.
그러나 서로 마주보고 있다면 서로 다른 방향을 가리키게 될 거예요.

도덕적 상대주의의 한 가지 문제점은 사람들의 생각과 상관없이 잘못된 *행동이 있을 수 있다는 거예요*. 예를 들어, 어떤 곳에서는 도둑질이나 사람을 고문하는 일이 받아들여지더라도, 대부분의 사람들은 그것이 잘못된 행동이며, 우리가 사는 곳뿐만 아니라 *모든 곳에서* 금지되어야 한다고 말하고 싶을 거예요.

상대주의와 반대로 도덕적 원리가 옳고 그름을 결정한다는 생각을 '**절대주의**'라고 해요.
절대주의자에게는 속한 공동체가 어디든 달라질 것이 없어요.
예를 들어, 식인 풍습이 잘못되었다면, 그곳이 어디든 어느 시대에 살든 상관없이 잘못된 거예요.

모두를 위한 규칙이 있을까요?

적어도 모든 공동체에서 지켜야 할 최소한의 보편적인 도덕 규칙이 있다는 믿음은
세계 인권 선언을 포함하여 많은 국제 협약을 탄생시켰어요.

1948년에 설립된 세계 인권 선언은 모든 사람을 위한 권리 목록을 만들었어요.
세계 인권 선언의 목표는 인간이 존엄성과 존경심을 가지며 살 수 있는,
보다 공정한 세상을 만드는 것이에요. 이런 협약은 종종 국제법으로 보호되어요.
하지만 국제법도 가입한 국가에 한해서만 적용되지요.

당신의 도덕성을 시험해 보세요

한 가지 사고 실험이 있어요. 탈선한 열차가 선로에 묶여 있는 열 명의 사람을 향해 달려가고 있어요. **당신은** 스위치를 움직여서 선로를 바꿀 수 있어요. 하지만 선로를 바꾸면 한 사람이 죽게 되어요.
어떻게 해야 할까요?

열 사람의 행복이 한 사람의 행복보다 커. 난 레버를 당겨 한 사람을 희생하고 열 명을 구할 거야.

한 사람을 죽이는 것과 아무 일도 하지 않는 것 중에서 선택해야 해. 누군가를 죽이는 것은 잘못이야. 그러니까 레버를 당기는 것도 잘못된 거야. 하지만 열 명의 사람이 죽는 건 내 잘못이 아니지.

그 한 사람을 가족이나 친구라고 가정함으로써 선택을 더 어렵게 만들 수 있어요. 아니면 스위치를 당기는 대신 기차를 멈추기 위해 한 사람을 선로 위로 떠밀어야 한다면 어떻게 해야 할까요? 그런 행동을 할 수 있나요? **아마도 옳은 답은 없을 거예요.**

도로 위의 철학

자율 주행차는 다양한 상황에서 어떻게 반응해야 할지를 알려 주는 프로그램이 필요해요. 자율 주행차를 설계하는 사람들은 철학자들과 협력해 이러한 프로그램을 만들고 있어요.

도로 위의 세 명을 구하기 위해 방향을 틀어 한 사람을 치어야 할까?

도로 위의 세 사람을 치지 않기 위해 절벽으로 방향을 틀어 한 명의 승객을 희생해야 할까?

추락 주의

결과가 같을지라도 대부분의 사람들은 첫 번째 질문에 '예', 두 번째 질문에 '아니요'라고 대답해요. 자율 주행차가 공리주의적인 방식으로 더 많은 사람을 구해야 할까요, 아니면 승객을 먼저 보호해야 할까요? 아니면 자율 주행차를 단순히 금지해야 할까요? 철학자들은 이런 문제에 대한 해결책을 찾으려고 노력하고 있어요.

어려운 결정

인생은 철학자들을 포함해 여러 사람이 의견을 달리하는
도덕적인 질문들로 가득 차 있어요.

죽을 권리

어떤 사람들은 심각한 병에 걸려 죽어 가고 있다면 의사의 도움으로 더 일찍 죽을 권리가 있다고 생각해요. 하지만 다른 사람들은 이것이 자살과 다름없다고 생각해요. 자살은 잘못된 행동이라고 여기지요. 여러분의 신념은 행동이나 결과 아니면 다른 어떤 것에 따라 달라지나요?

난 암으로 고통스럽게 죽어 가고 있어. 의사가 내가 죽는 것을 도와주었으면 해.

고통과 슬픔이 일시적인 것이라면? 의사가 새로운 치료법을 발견할지도 몰라.

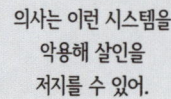

의사는 이런 시스템을 악용해 살인을 저지를 수 있어.

자살을 돕는 행동은 내 종교 신념에 위배 돼.

인생은 기본적인 '권리'가 있고, 그 누구도 그것을 빼앗을 힘이 없어.

가장 친절한 해결책은 환자의 아픔과 고통을 덜어 주는 거야.

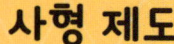

사형 제도

국가는 살인죄로 유죄 판결을 받은 사람의 생명을 빼앗을 권리를 가지고 있나요?

만약 그 사람이 정말 결백하다면 어떡해요? 무고한 사람들이 부당하게 범죄자로 몰리는 경우도 있어요.

만약 누군가 심각한 범죄를 저지르면, 그 사람은 생명권을 포함한 자신의 권리를 잃어버려요.

사형 집행은 사람들이 심각한 범죄를 저지르지 못하도록 겁을 주는 가장 좋은 방법이에요.

국가는 범죄의 심각성에 상관없이 유죄 판결을 받은 범죄자가 더 나은 사람이 되도록 도와야 할 의무가 있어요.

누구도, 심지어 국가조차도 다른 사람의 생명을 빼앗을 권리가 없어요.

의료 윤리

의사는 매일 온갖 종류의 윤리적 딜레마에 직면해요.
병원에는 이러한 결정을 내리는 데 도움을 주는 단체나 위원회가 있어요.

> 이 어린이는 응급 처치가 필요하지만, 부모가 수술을 허락하지 않아요. 기다려야 할까요?

> 내 환자가 나에게 범죄를 저질렀다고 말했어요. 경찰에 알려야 할까요?

사생활

> 내 이메일, 전화, 인터넷 사용 내용은 비공개여야 해요. 나는 개인 정보를 보호받을 권리가 있어요.

> 테러 공격을 막는 데 도움이 된다면 정부가 어떤 행동을 하든 난 상관없어요.

전쟁

한 국가가 다른 국가와 전쟁을 선포해도 괜찮나요?

> 다른 나라가 우리 국민을 공격하고 죽이는 것을 막는 유일한 방법이 전쟁이라면 정당화될 수 있어요.

> 폭력은 언제나 더 큰 폭력으로 이어져요. 각 국가는 항상 평화로운 해결책을 찾아야 해요.

> 살인은 잘못된 행동이야. 전쟁은 절대 정당화될 수 없어요.

> 사악한 독재자가 수천 명의 사람들을 죽이는 것을 막을 수 있는 유일한 방법이라면 전쟁을 일으켜야 해요.

> 전쟁이 일어나면 항상 무고한 사람들이 목숨을 잃어요.

법을 만들어요

모든 사람이 동의하는 답을 찾기는 어려워요. 모든 국가는 결정을 내리고 법을 제정하기 위해 이 법을 둘러싼 찬반 주장을 고려해야 해요. 법은 나라마다 크게 다를 수 있어요.
때때로 우리의 개인적인 생각과 우리가 살고 있는 나라의 법이 다를 수 있어요.
법에 반대하는 사람들은 법을 바꾸기 위해 운동을 벌이기도 해요.

여러분이
어제 만난 사람과
같은 사람이라는 것을
어떻게 알 수 있나요?

시간이란
무엇일까요?

시간을 되돌려
과거를 바꿀 수 있다고
생각하나요?

시간이란 무엇일까요?

시간과 동일성은 **형이상학**이라는 철학의
한 분야에서 논의되는 두 가지 어려운 주제예요.
형이상학은 여러 가지 문제를 다루는데,
그중 일부는 존재, 현실, 공간, 사물의 속성,
원인과 결과 같이 아주 **거대한** 주제들이에요.
이 장에서, 우리는 이 광범위한 철학 영역의
일부를 맛볼 거예요.

동일성

무엇이 한 사물을 다른 사물과 같은 것으로 만드나요?
어떤 것이 변화해도 여전히 같은 존재일 수 있는지 어떻게 설명할 수 있나요?
이 모두는 **동일성**에 관한 질문들이에요.

'같다'는 것은 두 가지를 의미할 수 있으므로, 이 둘을 혼동하지 않는 것이 중요해요.
첫 번째 유형의 동일성을 **'질적 동일성'**이라고 해요.
생산 라인에서 막 출시된 두 대의 자동차를 상상해 보세요.

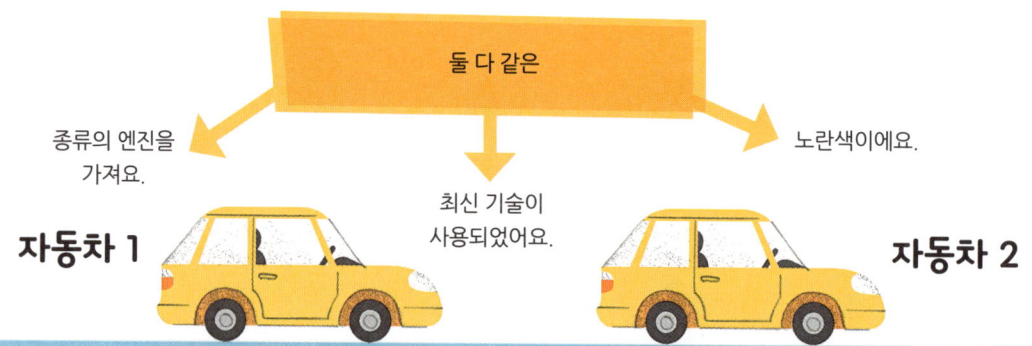

둘 다 같은

종류의 엔진을 가져요.

최신 기술이 사용되었어요.

노란색이에요.

자동차 1　　　　　　　　　　　　　　　　**자동차 2**

이 차들은 모두 같은 특징을 가지고 있어요. 차 두 대가 정확히 똑같아 보여요.
즉, *질적으로* 동일해요. 그러나 *여전히* 두 대의 다른 자동차예요.

이제 자동차 1을 샀는데 도둑맞았다고 상상해 보세요.
어느 날 경찰에서 자동차를 찾았다고 연락이 왔어요.
내 자동차처럼 *보이지* 않지만, 경찰은 같은 것이라 확신해요. 도둑은…

…자동차를 빨간색으로 칠하고,

허브 캡을 바꾸었어요.

이 자동차는 겉모습이 조금 다르기 때문에, 원래의 자동차와
질적으로 동일하지 *않아요*. 그러나 자동차는 **수적 동일성**을 가져요.
이것은 차가 한 대뿐이며, 내가 산 자동차와 같다는 것을 의미해요.
어떤 시점의 자동차가 다른 시점의 자동차와 같은 것이라고
말할 수 있는 건 무엇 때문일까요? 정확히 그것이 언제 바뀐 걸까요?

글쎄, 자동차는 **별로** 바뀌지 않았어.
색이 바뀌었다고 내 자동차가 더는 존재하지 않고
다른 자동차가 되었다고 말하는 건 어리석은 일이야.

좋아, 하지만 좀 더 근본적으로 바꾼다면 어떨까?

아마도 무언가가 *서서히* 변한다면, 비록 많이 바뀌었다 하더라도 그것이 계속 존재한다고 생각할 거예요. 13쪽에서 다룬 곰 인형에 관한 사고 실험을 기억하나요? 그 사고 실험을 자동차에 적용해 보도록 해요.

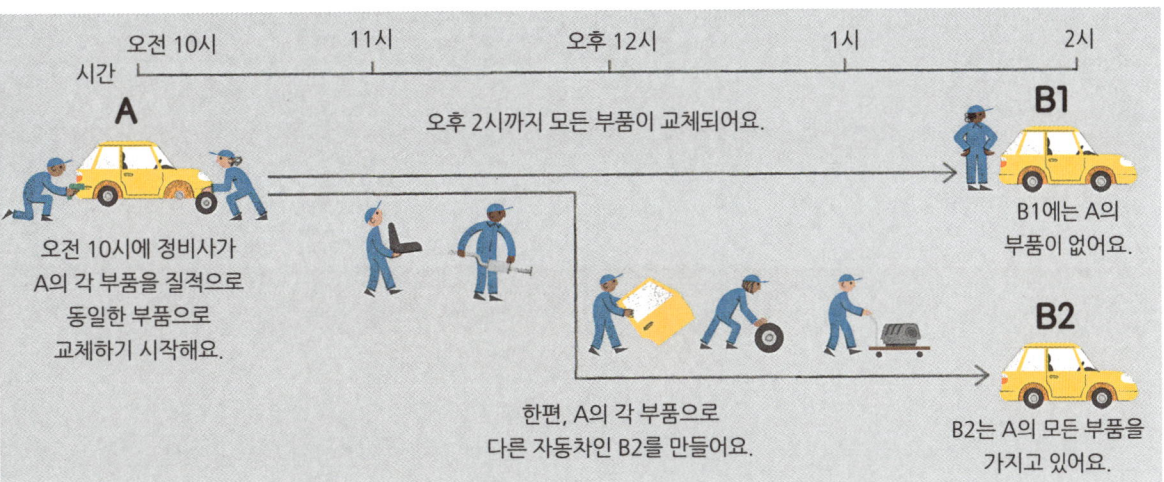

오후 2시까지 B1과 B2 두 대의 자동차가 만들어져요. 이 둘은 질적으로 동일해요. 또한 원래 자동차인 A와 *정확히* 똑같아요. 그러나 어느 것이 A와 수적 동일성을 가지나요? 둘 *다* 가질 순 없을까요?

완전히 바뀐 게 아니라 여전히 같은 것을 가지고 있어야 해. 이런 경우에 A와 같은 건 B1이 아니라 B2야.

그래. 하지만 오전 10시에서 오후 2시 사이의 어느 시점에서 A가 사라지고 B1이 존재하게 되는 걸까?

흠, 좋아. 그럼 A와 같지 않은 자동차는 B2일지도. B2는 우연히 A의 원래 부품으로 만든 다른 자동차야.

그런데 만약 A의 모든 부품으로 B2를 만들었지만, A는 부품들이 교체되지 *않았다면*? 그럼 B1은 존재하지 않아. 여전히 B2가 A가 *아니라*고 말할 거니?

알았어, 그럼 둘 *다* A겠네.

하지만 B1과 B2는 별개의 사물이야. 수적으로 동일할 수 *없어*.

만약 이 문제가 까다로워 보인다면, *사람*과 연관된 동일성을 생각할 때는 문제가 더 복잡해질 수 있어요. 그 상황과 이유를 확인하려면 다음 장을 넘겨 보세요.

인격 동일성

사람의 경우에는 동일성 문제가 좀 더 복잡해져요.
먼저, 한 사람으로 간주되는 건 무엇 때문일까요? 인격체? 뇌? 마음? 다른 무언가?
여기서 철학자들은 단순하게 들리는 질문을 던져요.
지금의 나는 이 책을 읽기 시작한 나와 같은 사람임을 어떻게 알 수 있나요?
대답은 결코 간단하지 않아요.

같은 몸?

우리는 누군가의 몸이 계속 존재한다면 그 *사람*도 계속 존재한다고 생각하는 경향이 있어요.
이런 식으로 우리는 어떤 순간에서 다음 순간까지 그 사람이 같은 사람이라는 것을 알 수 있어요.
그렇다면 내가 한 시점에서 다른 시점까지 같은 사람이라는 말은,
내가 같은 몸을 가지고 있다는 것을 의미하나요? **인격 동일성**과 **신체 동일성**은 같나요?

이 생각을 시험하는 데 도움이 되는 사고 실험이 있어요.

사만다는
심한 사고를 당했어요.
사만다의 뇌는 무사하지만,
나머지 몸은 죽어가요.

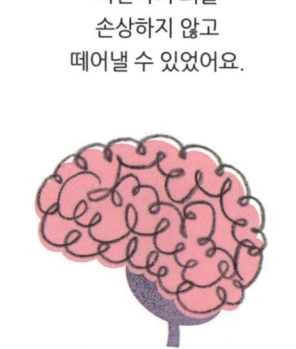

새로운 기술 덕분에
사만다의 뇌를
손상하지 않고
떼어낼 수 있었어요.

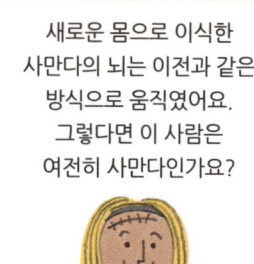

새로운 몸으로 이식한
사만다의 뇌는 이전과 같은
방식으로 움직였어요.
그렇다면 이 사람은
여전히 사만다인가요?

만약 여전히 사만다라고 생각한다면, 사만다를 *사만다*로 만들어 주는 것이
몸이라고 생각하지 않기 때문이에요. 아니면 적어도 몸 *전체가* 아니거나요.
어떤 철학자들은 누군가를 어떤 시점에서 다른 시점까지 같은 사람으로 만드는 것은
같은 뇌를 가지는 것이라고 제안했어요.

같은 뇌?

사만다가 사만다의 뇌와 동일하다면, 수술 후 깨어난 사람은 여전히 사만다예요. 왜냐하면 둘은 같은 뇌를 가지고 있기 때문이죠. 사만다는 뇌가 가는 곳마다 따라가요. 하지만 생각해 보아야 할 사실이 또 있어요. 우리의 뇌는 두 부분, 즉 반구로 구성되는데, 반구는 독립적으로 활동해요.

수술 결과로 생긴 두 사람 중 어느 쪽이 사만다일까요?

하지만 만약 내가 나 자신이 되기 위해 뇌가 필요하지 않다면 어떨까요? 만약 나의 심적 상태가 다른 뇌나 컴퓨터로부터 올 수 있다면요? 그렇다면 나는 그 컴퓨터나 뇌가 되는 건가요? 만약 '예'라고 대답했다면, 아마도 각기 다른 시점에서 한 사람을 같은 사람으로 만드는 것은 뇌의 동일성이 아니라 무언가 심리적인 것, 예를 들어 마음과 관련 있다고 생각하는 것일지도 몰라요. 하지만 마음이 무슨 관련이 있는 걸까요?

같은 마음?

어떤 철학자들은 한 시점에서 다른 시점까지 어떤 사람을 같은 사람으로 만드는 것은
'의식의 연속성'이라고 주장해 왔어요. 이게 도대체 무슨 뜻일까요?
이것은 모든 것이 우리의 기억과 관련이 있다는 주장이에요.
그 주장을 어떻게 설명하고 있는지 살펴보아요.

2031년에 루스가 자신이 2011년에 '조'라고 불리던 사람과 같은 사람이라고
주장한다고 상상해 보세요. 의식의 연속성에 따라서,
루스는 2011년 조의 경험을 기억해야만 조와 같은 사람이 될 수 있어요.

> 하지만 분명 쉽지 않은 일이야.
> 만약 루스가 조가 경험했던 모든 것을
> 기억하지 못한다면 어떡해?
> 루스는 조가 될 수 없다는 뜻이야?

> 나는 5세 때 겪었던 일을 대부분 기억 못 해.
> 그리고 80세가 되면 아무것도 기억 못할지도 몰라.
> 하지만 난 여전히 같은 사람이잖아, 안 그래?

> 괜찮아. 중복되는 추억이 있는 한,
> 모든 것을 기억할 필요는 없으니까.

5세

21세

50세

하지만 기억을 사용하여 동일성을 정의하는 것에는 문제가 있어요.
왜냐면 순환 오류에 빠지기 때문이에요.

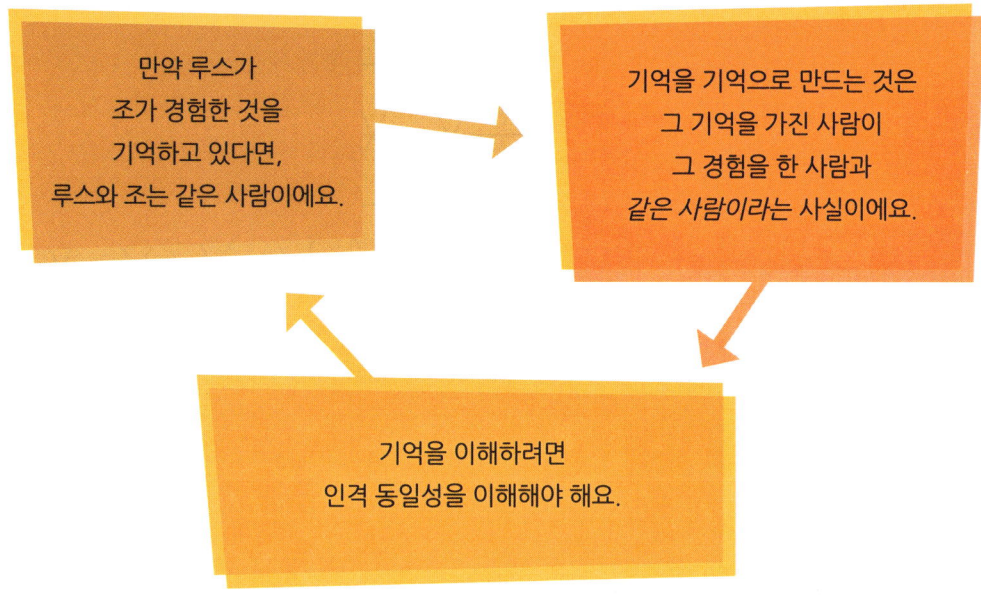

기억이라는 개념은 우리가 이미 인격 동일성이 무엇을 의미하는지 알고 있다고 가정하고 있어요.
그러니까 우리는 인격 동일성을 *설명하기* 위해 인격 동일성을 사용한 거예요.

여기 또 다른 사고 실험이 있어요.
지금은 공상 과학 소설처럼 들리지만 언젠가 가능해질지도 몰라요.

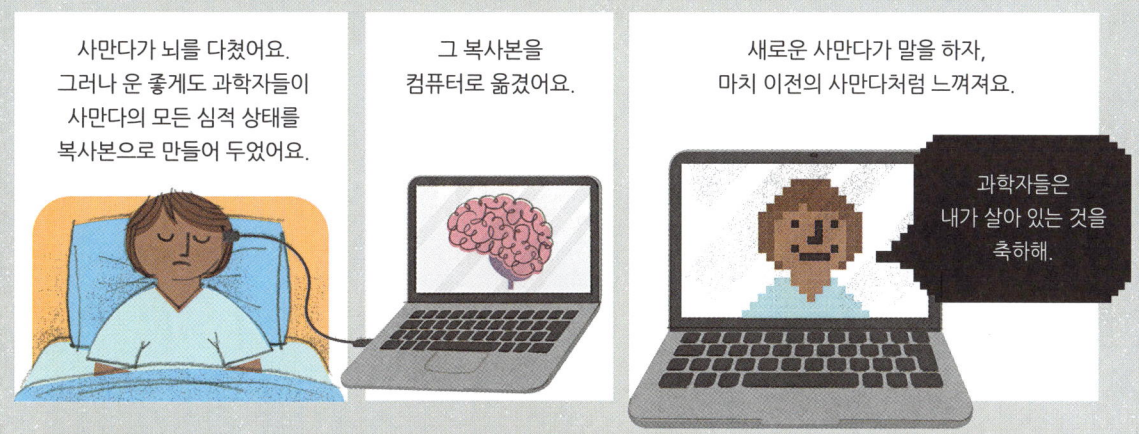

만약 사만다의 심적 상태를 복사하는 것이 사만다를 살아 있게 하는 것이라고 생각한다면,
수술은 성공적이에요. 만약 그렇게 생각하지 않는다면,
사만다는 죽었고 아주 좋은 복사본으로 교체되었다고 말해야 할 거예요.
내가 만약 사만다라면 수술에 동의하기 전에 이 사고 실험의 답을 알고 싶지 않나요?

시간

종종 사람들은 시간이 마치 물체인 것처럼 이야기해요.
시간은 흐르고, 지나가고, 우리는 시간을 통해서 움직여요.
시간은 또한 과거에서 현재, 그리고 미래까지 한 방향으로 가는 것 *같아요*.
그런데 이러한 시간에 관한 상식적인 생각이 철학적인 의미를 가질까요?

우리는 **과거**, **현재** 그리고 **미래**라는 용어를 사용하여 사건을 생각해요.
또한 시간이 하나의 특정한 방향으로 흐른다고 말해요. 사건 A가 먼저 일어나야 하고,
그다음에 사건 B, 그다음에 사건 C가 일어나야 하죠.

지금

사건 A	사건 B	사건 C
나는 차를 조금 마셨다	나는 책을 읽고 있다.	나는 문자를 보낼 것이다.
과거	현재	미래

또 사건은 위치를 *바꾸지요*. 내가 차를 마시고 있을 때, 책을 읽는 것은 미래였어요,
나중에 그것은 현재가 되고, 그다음에 과거가 되지요.
마찬가지로 친구에게 문자를 보내는 것은 결국 현재가 되고 나중에는 과거가 될 거예요.

지금

사건 A	사건 B	사건 C
나는 차를 조금 마셨다	나는 책을 읽었다.	나는 문자를 보내고 있다.
과거	과거	현재

지금까지는 좋아 보여요. 정말 그런가요? 영국 철학자 J.E. 맥타가르트는 이러한 시간 개념은
모순을 가져온다고 주장했어요. 모순이 있다는 것은, *모두 사실일 수 없는 두 사건이*
*사실이라고 말하는 것*과 같아요. 이것은 시간 자체가 말이 되지 않는다는 것을 의미해요!
실제로 시간은 *비현실적*일 수밖에 없어요.

어라, 잠깐만! **무슨** 모순?

우리는 방금 *모든 사건*이 과거, 현재, 미래의 속성을 *모두 가지고* 있다고 말했었지.

하지만 이러한 속성은 양립할 수 없어. 하나의 사건이 *과거이자 현재이자* 미래일 수 없지.

음, 아니, 동시에 일어나는 건 아니지만…….

그렇지만 우리가 설명하려는 건 *시간이야!* 시간을 설명하기 위해 시간 자체를 사용할 순 없어. 순환 오류에 빠져 버리니까!

그럼 어떤 사건이 미래였고, 현재이고, 과거가 *될 것*이라 말할 수 없는 거야?

여전히 순환 오류야! 게다가 순환되지 않더라도 사건은 변해. 현재 일어나는 사건은 과거 속 현재가 되지.

하지만 현재 속 현재*와* 과거 속 현재, 둘 다 될 수는 없어.

점점 어려워지는걸.

그리고 '동시에 일어나는 건 아니'라고 말해도 아무 소용이 없어. 또 다른 모순이 반복될 뿐이니까.

오, 세상에.

철학자들은 시간을 설명하는 다양한 방법을 제안했어요. 예를 들어 어떤 사람들은 현재만 존재한다고 말해요. 어떤 것이 과거 또는 미래라고 말하는 것은 이치에 맞지 않지요. 어떤 사람들은 과거, 현재, 미래가 *존재하지 않는*다고 주장해요. 시간은 단지 *우리에게* 몇 시인지 알려 주기 위한 수단일 뿐이라는 거예요. 머릿속이 혼란스러운가요? 우리 모두 그래요. 중세 철학자 세인트 어거스틴은 다음과 같이 말했어요.

시간이란 도대체 무엇일까? 만일 아무도 나에게 묻지 않는다면 나는 알고 있지. 그러나 누군가에게 시간을 설명하려고 하면 나는 모르겠구나.

그러니까 시간이라는 건 설명할 필요가 없을 때만 정말 명확하고 단순하다는 거네요.

시간 여행

시간 여행은 흥미진진한 이야기를 만들어 내요.
하지만 시간 여행이라는 개념은 심각한 철학적 문제를 일으키는데,
이는 논리적으로 불가능하다는 것을 뜻해요. 그리고 만약 논리적으로 불가능하다면,
물리학자가 뭐라고 말하든 *물리적으로도* 불가능하지요.

그렇다면 시간 여행이란 도대체 무엇일까요? 엄밀히 말하면 우리 모두 시간 여행을 하고 있어요. 우리는 이 책을 읽기 시작한 때부터 미래로 여행해 왔어요. 그러나 사람들이 일반적으로 생각하는 시간 여행은 잘못된 방향, 즉 과거로 가거나 다른 사람들보다 더 빠르게 미래를 여행하는 거예요. 이러한 종류의 '시간 여행'은 여러 가지 **역설**을 만들어 내요.
즉, 가능하게도 보이고 불가능하게도 보이지요.

돌고 돌고 또 돌고…….

아서는 타임머신을 타고 미래를 여행해서 타임머신의 설계도를 훔쳐요.
아서는 돌아와서 웰스 교수에게 설계도를 건네지요. 웰스 교수는 이 설계도를 이용해
아서를 미래로 데려다 준 타임머신을 만들어요. 이 상황에는 **인과 고리**가 있어요.
인과 고리란 사건이 자기 스스로가 원인이 되어 일어났다는 의미지요.

할아버지 역설

아서가 할아버지를 죽이려고 할아버지가 아이를 낳기 전의 과거로
돌아간다고 상상해 보세요. 하지만 아서가 할아버지를 죽이면,
아서의 *아버지*는 태어나지 않을 테고, *아서*도 마찬가지로 태어나지 않을 거예요.
그렇다면 아서는 어떻게 할아버지를 죽일 수 *있나요*?

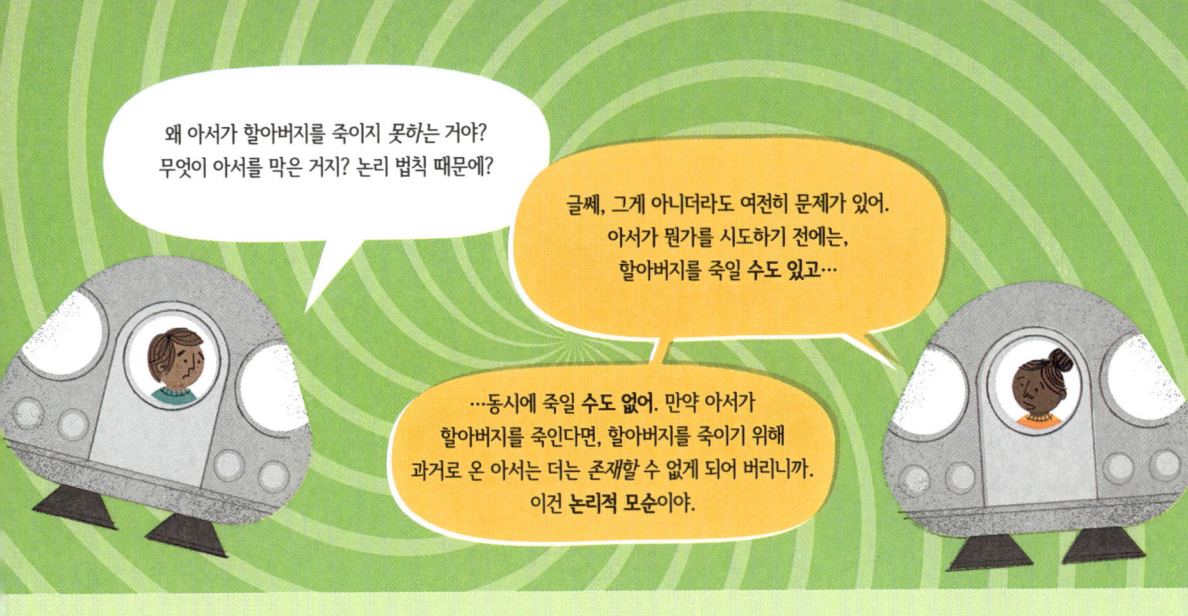

어떤 사람들은 할아버지 역설을 풀었다고 말해요. 만약 살인 행위가 *새로운* 우주를 만들어 낸다면, 아서는 과거로 여행을 떠나 할아버지를 죽일 수 *있어요*. 새로운 우주에서 아서는 태어나지 않겠지만, 아서가 태어났던 우주에서는 여전히 존재할 수 있어요.

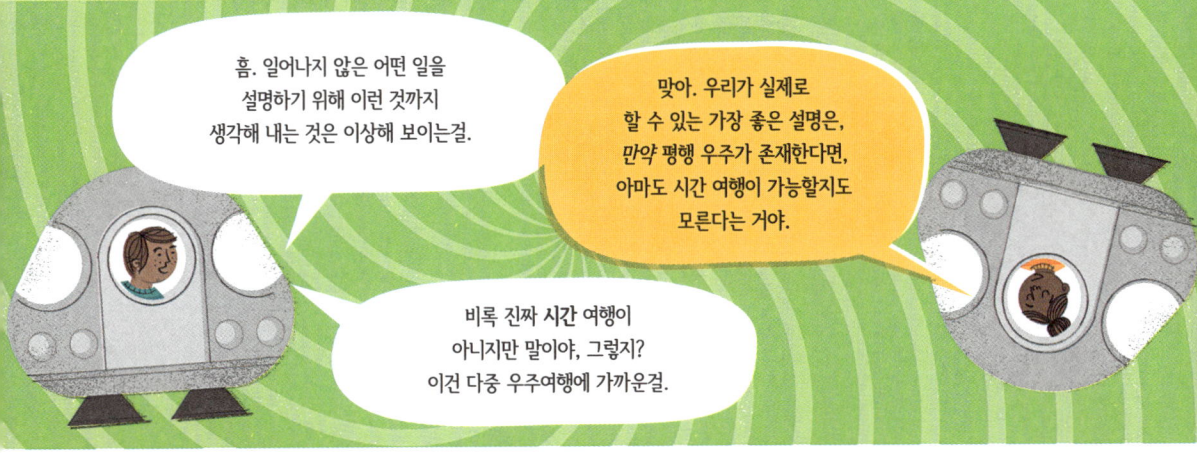

하지만 시간 여행이 논리적으로 가능하다고 하더라도, 여전히 다른 의문이 남아요.

시간 여행자는 모두 어디에 있을까요?

2009년 6월 물리학자 스티븐 호킹은 '모든 미래의 시간 여행자'를 위한 파티를 열기로 하고 초대장을 보냈어요. 하지만 파티가 시작되어도 당연히 아무도 나타나지 않았어요. 호킹이 말하고자 하는 바는, 만약 시간 여행이 가능하다면, 현재에 사는 누군가가 미래에서 온 사람들을 만나길 기대하며 언젠가 이런 파티를 열었을 것이라는 거예요. 간단하죠?

- 문장은 항상 참 또는 거짓일까요?
- '개'의 의미는 그것이 가리키는 대상일까요?
- 이전에 여러 번 일어난 일이 다시 일어날 것이라고 믿는 것은 논리적일까요?

논리와 언어에 규칙이 있을까요?

철학의 중심에는 우리의 생각이나 주장을 나타내기 위해 사용하는 단어와 언어가 있어요. 하지만 단어의 선택과 단어를 사용하는 방식은 사람마다 다를 수 있어요. 그렇다면 *상대방*이 실제로 어떤 의미로 말을 한 것인지 어떻게 알 수 있나요? 그리고 철학의 중심 도구인 단어가 쉽게 오해될 수 있는 것이라면, 우리는 어떻게 철학을 신뢰할 수 있나요?

이 질문의 답을 찾기 위해서 많은 철학자들은 언어 자체를 자세히 살펴보아요. 철학자들은 언어를 여러 부분으로 나누고 논리 도구인 전제, 결론 등을 사용하여 실제로 어느 한 가지가 다른 것으로부터 도출되는지 확인해요.

여러 가지 추론의 방법

철학은 수학처럼 일정한 규칙을 따라요. 하나의 **전제**에서 시작해 그 전제를 논리적으로 따르는 **결론**까지 추론해 내지요. 아래 대화를 살펴보세요.

철학자는 논리(10~11쪽을 보세요), 다른 말로 **연역 추론**을 사용하여 이 대화를 분류할 수 있어요.

전제 1	전제 2	결론
복실이는 누군가 문 앞에 오면 항상 짖는다.	복실이가 짖지 않았다.	문밖에는 아무도 없다.

연역 추론의 장점은 확실성이에요.
만약 전제가 참이고 전체적인 논증이 타당하다면,
이것을 통해 논리적으로 도출한 결론은 반드시 참이에요.

물론, 하나 또는 두 전제 모두가 *거짓이라면* 논증은 실패해요.
예를 들어, 복실이가 누군가 문 앞에 있을 때
항상 짖지 않을 수도 있지요.

경험에 근거한 추론

귀납 추론은 또 다른 형태의 논증이에요. 우리 주변에 있는 증거와 우리의 감각을 이용해 관찰한 것들로부터 가능성 있는 결론을 이끌어내지요.

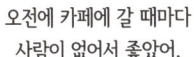
오전에 카페에 갈 때마다 사람이 없어서 좋았어.

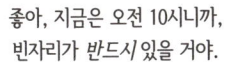
좋아, 지금은 오전 10시니까, 빈자리가 *반드시* 있을 거야.

'오전에 카페에는 사람이 없다'는 진술은 여러 번의 관찰에 근거한 것이에요. 이 근거로부터 우리는 아마 오늘도 똑같은 일이 일어날 것이라고 결론 내릴 수 있어요.

18세기 스코틀랜드의 철학자 데이비드 흄은 귀납 추론에 반대했어요.

내일 저 언덕 위로 태양이 떠오를 거야.

정말로 내일 태양이 떠오를지 어떻게 알아?

내가 지금까지 사는 동안 항상 그래 왔으니까. 당연히 내일도 떠오를 거야. 이건 귀납 추론이라고.

네 믿음이 정당화되기 위해서는 미래가 과거와 비슷해야 할 거야. 하지만 넌 그렇게 가정할 수 없어. 단지 그것이 항상 일어났다는 이유만으로 믿고 있는 거잖아.

과거에 일어난 일이 반드시 다시 일어날 것이라는 보장은 *없어요*. 하지만 우리는 태양이 내일 떠오를 것이라고 *믿어요*. 비록 귀납적 추론은 우리에게 확실성을 제공하지는 않지만, 일상적인 사고에서 귀납적 추론을 사용하지 않을 수 없어 보여요.

진실에 관한 문제

언어가 논리적 규칙을 따르나요? 만약 그렇다면, 어떤 철학자들은 문장을 참 또는 거짓 진술로 나눌 수 있어야 한다고 주장해요. 그러나 진실을 찾다 보면 모순이 생길 수 있어요. **'거짓말쟁이의 역설'**이라고 알려진 수수께끼를 살펴보세요.

이 예시에서 문장 자체가 참 또는 거짓 어느 쪽이라고 말하는 건 무척이나 힘들어요. 아마 불가능할지도 몰라요. 혹시 논리가 모든 문장에서 통하지 않는 건 아닐까요?

단어의 의미

단어의 의미란 무엇일까요? 아마도 단어가 가리키는 물리적 대상일 수도 있어요.
이 관점에서 '에베레스트'는 산을 의미해요.
하지만 여러분은 '에베레스트'의 의미를 '세계에서 가장 높은 산'과 같이
하나의 개념 또는 정보라고 생각할 수도 있어요.

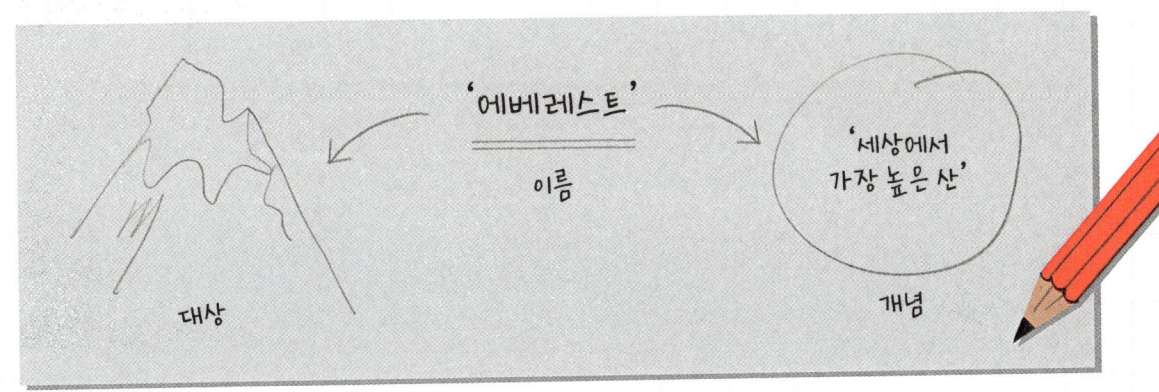

두 가지 의미 모두 받아들일 수 있지만, 두 의미는 매우 달라요.
'에베레스트'는 히말라야에 있는 산을 의미하는 반면,
'세계에서 가장 높은 산'은 다른 산을 의미할 수도 있어요.

'바질'이라는 고양이를 생각해 보세요. 바질은 자동차를 쫓는 것을 좋아해요.
그리고 현관에서 자는 것을 좋아하지요.

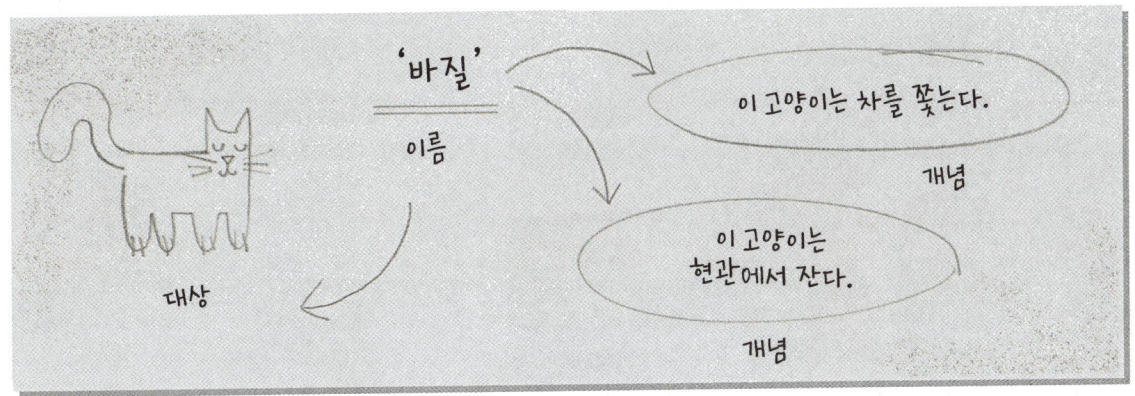

'자동차를 쫓는 고양이'는 '현관에서 자는 고양이'와 다른 뜻이에요. 하지만 두 문장 모두 같은 대상,
바질을 가리켜요. 이것은 단어의 의미가 얼마나 다양해질 수 있는지를 보여 줘요.
그렇다면 단어의 정확한 의미를 찾는 것이 가능할까요?

사용에 따라 의미가 달라져요.

어떤 철학자들은 단어와 언어가 고정된 의미를 가진다는 생각에 반대해요.
이 철학자들은 단어의 의미가 문장에서의 사용, 표현 방식, 언어 자체에 따라
달라질 수 있다고 주장하지요.

여기까지 오는 길이 어땠니?

얼마 안 걸렸어!
버스에서 내려서 5분밖에 안 걸었지.

아니, 나는 네가 지금까지
걸어온 길에 관해 물어본 거야.

아, 내 인생길 말이니? 여기까지 오는 데
정말 힘들었고, 시간도 많이 걸렸지.

단어의 의미를 파악하기가 그리 쉽지 않다는 걸 알 수 있어요.
문맥과 무관하게 단어의 의미를 찾는 것이 가능할까요? 아마도 불가능할 거예요.

단어의 의미는 듣는 사람에 따라서도 달라질 수 있어요. 파티에 관해서도 사람들의 생각은
서로 매우 다를 수 있어요. 그렇다면 우리가 같은 것에 대해 이야기하고 있다는 것을
정말로 어떻게 알 수 있나요? 대답은 아마 알 수 없다는 거예요.

의미와 작가

우리가 읽는 모든 단어는 누군가가 쓴 것이에요. 바로 작가지요.
작가가 실제로 의미하려는 바를 고려하지 않고 책 한 권을 모두 이해할 수 있나요?
어떤 사람들은 가능하다고 생각해요.
그 사람들은 단어의 의미는 작가가 *아니라*, 전적으로 글에 바탕을 두고 있다고 믿어요.

많은 책들은 끝없이 해석될 수 있는 다양한 숨은 의미를 가지고 있어요.
따라서 독자가 그 책이 *실제로* 무엇에 관한 이야기인지 자신의 의견을 낼 수 있다면,
작가의 의도는 중요하지 않을지도 몰라요.

하지만 때때로 작가에 관해 아는 것은 우리의 관점을 바꾸기도 해요.
이것은 어쩌면 중요한 일일지도 몰라요.

삶에
더 큰 목적이
있나요?

우주는
어디에서
왔을까요?

철학을 하면
내 기분이 전보다
좋아질까요?

삶의 의미는 무엇일까요?

철학은 종종 예술, 윤리, 지식과 같은
삶의 한 부분을 살펴봐요.
그런데 이 모든 것이 어떻게 조화를 이룰 수 있을까요?
지금까지 우리는 철학을 어떤 해야 할 일로 보았어요.
취미나 직업처럼요. 하지만 어떤 사람들에게 철학은
단지 활동이나 사고방식이 아닌,
일상생활에 필요한 지침을 제공해 줄 수 있어요.
많은 사람들에게 철학은 삶의 방식이지요.

바람직한 삶이란 무엇일까요?

어떤 고대 철학자들은 지혜와 미덕의 삶을 추구하기 위해 재산을 포기하거나
집을 떠나 매우 절제된 삶을 살았어요. 그 철학자들에게 철학은
스스로를 더 훌륭한 사람으로 변화시키는 실용적인 방법이었지요.

절제된 삶은 단지 수천 년 전에 살았던 사람들이 하는 방법은 아니에요.
지난 세기에도 철학자들은 철학으로 자신의 삶을 바꾸려고 노력했어요.
고대보다 조금 덜 엄격한 방식으로요.

아마도 자신의 철학에 따라 *살았던* 철학자 중 가장 유명한 사람은 소크라테스일 거예요.
소크라테스는 생계를 유지하지 못했어요. 소크라테스는 도시 정치에 참여하지 않았고,
신발조차 신지 않았어요. 그 대신 도시 곳곳을 돌아다니며 사람들의 믿음에 도전하거나
지식을 추구하며 일생을 보냈지요.

만약 우리가 삶의 한 방식으로 철학을 추구하고자 하더라도, 맨발로 걸어 다니거나
재산을 포기할 필요는 없어요. 단지 내가 믿는 것을 시험해 보기만 하면 돼요.
인생을 탐험의 과정으로 만들어 보세요.

어떤 것에 관해 확신할 수 없거나 모른다고 인정해도 괜찮아요.
사실, 그렇게 하는 순간 우리는 이미 지식의 발견을 향해 한 걸음을 내디뎠어요.
그리고 우리가 할 일을 찾았어요. 새로운 질문에 대한 답을 찾는 거예요.

삶의 의미는 무엇일까요?

사람들이 철학에 대해 생각할 때, 종종 떠올리는 질문이에요.

> 별을 올려다보면 우주가 얼마나 광대한지 그리고 우리가 얼마나 작은 존재인지 생각하게 돼. 이 세상은 모두 어떤 의미를 지닐까?

> 무슨 말인지 잘 모르겠는걸.

> 누군가 우주에 관해 설명을 해 주었으면 좋겠어. 내가 이해할 수 있게 말이야.

> 너무 무리한 질문일까?

어떤 사람들은 우리가 왜 존재하는지 이해하려는 노력을 통해 모든 것의 의미를 찾아요.
그리고 그 의미는 우주 자체가 무엇인지도 설명할 수 있겠지요.

어떤 사람들은 우주의 역사, 즉 우주가 어디에서 생겨났는지에 대해 설명해요.

> 우주는 빅뱅에서 시작해 그 이후로 계속 팽창하고 있어요.

다른 사람들은 우주의 목적, 즉 우주가 어디로 가고 있는지에 대해 이야기해요.

> 나는 결국 우주가 큰 충돌로 붕괴할 거라 생각해요. 아마도 *이것이* 우주의 목적이겠지요.

그러나 어느 쪽이든 이런 설명은 우리에게 더 많은 의문을 남겨요.
왜 빅뱅이 일어났나요? 우주가 붕괴된 이후에는 어떻게 되나요?
이 혼란에는 무슨 목적이 있는 걸까요?

대부분의 설명에는 *추가* 설명이
필요해요. 우리가 인생의 의미에 대해
어떤 이야기를 들었든, 언제나
그 이야기에 관한 이유를 물어보고
또 다른 이야기도 들어볼 수 있어요.

또는, 철학자들이 말하듯,
이것은 무한후퇴 문제예요.

감자…의 의미는 무엇일까요?

쓸데없는 질문으로 들리나요? 우리는 감자에 관한 여러 이야기를 들을 수 있지만,
결국 그것은 단지 감자일뿐이에요. 우주는 감자와 같아요.
우주에 관해서 묻는 것은 감자가 무엇을 의미하는지 묻는 것과 같아요.
그저 그곳에 존재할 뿐이지요. 어느 시점에서 우리는 '왜?'라고 묻는 것을 그만두어야 해요.

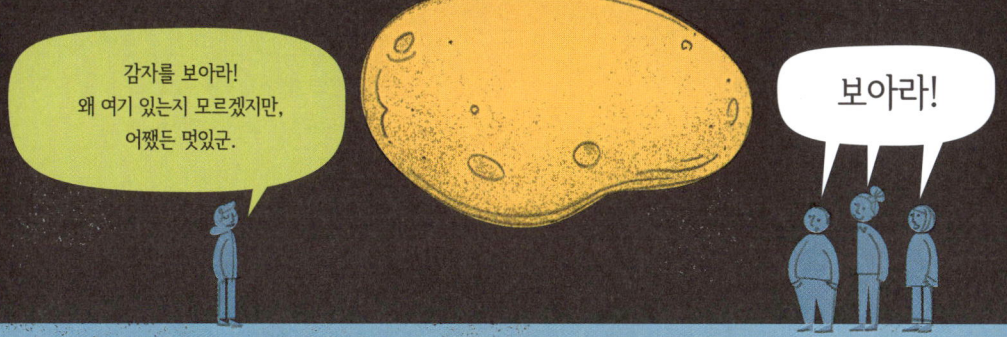

아마도 이것은 질문에 대한 만족스러운 대답이 아니겠지요. 하지만 여기에는 이유가 있어요.
일반적으로 사람들이 삶의 의미가 무엇인지 물을 때, 그들은 실제로 다른 것을 묻고 있는 거예요.

무엇이 인생을 의미 있게 만들까요?

우리의 삶에서 어떤 경험들은 너무나 흥미롭고 매력적이어서
마치 그 외에는 아무것도 중요하지 않다고 느껴지기도 해요.
그 느낌을 *잃었을 때*, 우리는 비로소 왜 우리가 지금 이곳에 있는 건지 궁금해질 거예요.
그렇다면 인생을 의미 있다고 *느끼게* 만드는 것은 무엇일까요?

자신이 인생을 의미 있게 만들어요

한 가지 생각은, 경험을 풍부하고 생생하게 만들어 주는 것은 바로 *우리 자신이라는* 거예요.
이곳에 존재하는 이유를 결정하는 것은 우리예요. 우리는 *우리 삶의 의미를* 결정해요.

우리는 *무엇이든* 선택할 자유가 없어 보여요.
아마도 어떤 선택은 다른 선택보다 더 합리적이거나 의미가 있을지도 몰라요.

옳은 일을 해요

어떤 철학자들은 인생을 의미 있게 만드는 일이 있고, *그렇지 않은* 일이 있다고 생각해요. 그러나 그것들이 무엇인지에 대해서는 의견이 달라요.

- 창의성
- 사람과 동물의 교감
- 사람들의 삶을 개선
- 자기 자신을 찾기
- 좋은 사람 되기
- 제대로 된 사람으로 성장하기
- 새로운 것을 발견하기
- 배움
- 믿을 만한 사람이 되기

이런 일을 할 수 있다고 생각하지만, 여전히 호기심이나 흥미가 느껴지지 않는걸. 그리고 이 조언 중 몇몇은 실제로 무엇을 의미하는지 잘 모르겠어.

의미가 없어도 괜찮아요

이러한 접근 방식은 모두 인생이 반드시 의미 있는 것이어야 한다고 가정해요. *무언가*를 하지 않으면 인생은 무의미하지요. 그러나 이것이 사실일까요? 어쩌면 인생은 이미 충분히 풍요로울지도 몰라요. 인생에 대한 우리의 기대가 이미 이루어진 삶의 방식을 *방해*할 수 있어요.

일반적으로 사람들은 어떤 것은 의미가 있고, 어떤 것은 의미가 없다고 생각해요.

우리가 하려는 게 맞는 걸까? 단순한 사건도 마법 같은 경험이 될 수 있다고.

직접 실험하고 확인해 보세요. 이 책의 종이를 만질 때의 느낌이나 빗방울이 떨어지는 경로와 같이 단순한 것에 주의를 기울여 보세요. 아주 세심하게 관찰한다면 어떤 경험을 할 수 있나요? 우리의 마음을 사로잡을 만한가요?

이제 무엇을 해야 할까요?

철학은 어려울 수 있어요. 만약 철학이 쉬웠다면,
우리는 이미 인생의 커다란 질문에 관한 답을 알고 있겠지요.
따라서 만약 이 책을 읽는 동안 머리를 여러 번 긁적였다면,
축하해요! 제대로 읽고 있었다는 뜻이니까요.

이제 우리는 철학이 무엇인지, 어떻게 적용할 수 있는지에 대해
조금은 알게 되었어요. 그럼 실제로 철학을 가지고 무엇을 할 수 있나요?
가족과 선생님을 귀찮게 하는 것 외에도……

책은 그만 내려놓고
숙제부터 끝내야지!

우리는 두 명이고 엄마는 한 명뿐이에요.
그리고 우리 둘 다 숙제를 하고 싶지 않아요.
그러니까 우리가 숙제를 하지 않는 건
다수의 행복을 위해서라고요.

미래는 과거가 될 거예요.
그러니까 지금 당장 하지 않더라도
언젠가 숙제는 끝나 있을 거예요.

우리는 정말로 아무것도
알 수 없다는 내용을 읽었어.
그렇다면 학교에 가서 배우는 게
무슨 소용이 있겠어?

알 가치가 있는 사실은
누가 선택하는 걸까?
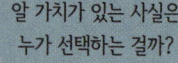

지각한 건 내 잘못이 아니라고요, 선생님.
내가 아침마다 늦을 수밖에 없도록
우주가 그렇게 만들어져
있기 때문이라고요.
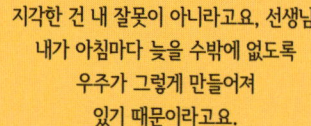

만약 정말 철학을 배우고 싶다면, 간단하게 시작하는 방법은 더 많은 책을 읽는 거예요.
역사상 가장 영향력 있는 사상가들을 알려면 125쪽을 보세요.
그 사상가들의 책을 찾아 읽고 사상가들의 생각에서 무엇을 발견할 수 있는지 살펴보세요.

철학을 하는 가장 좋은 방법은 사람들과 논증하는 거예요. 기억하세요.
'**논증**'이란 철학자들이 전제와 결론을 설명하기 위해 사용하는 단어예요.
이것은 서로를 향해 소리치는 것을 의미하지 않아요. 물론 실제로 많은 철학자들이
그렇게 할 때도 있지만요. 만약 논증을 하고 싶다면 누군가에게 시험해 보세요.
그 사람이 오류를 지적하면, 나의 논증을 변호하거나 개선시켜 보세요.
단, 정중한 태도로요. 어디서 할 수 있냐고요? 철학 모임에 참여하거나,
학교나 지역 도서관에 가입하거나, 우리 스스로 철학 모임을 만들 수도 있어요.

왜 그래야 하나요?

이 책을 읽은 후에는, 철학이 흥미롭고 재미있고 때로는 유용하다는 사실을 믿게 되길 바라요.
철학자들이 다루었던 주제에 관한 몇 가지 인용구를 읽어 봐요.

풀리지 않은 수수께끼

철학자들은 수수께끼, 퍼즐, 역설을 생각해 내는 걸 좋아해요.
우리의 철학 능력을 시험하기 위한 몇 가지 질문이 있어요.
몇몇 질문은 풀 수 없다고 여겨졌어요.
하지만 사람들은 거의 모든 질문에 대해 가능한 답변을 제안했지요.

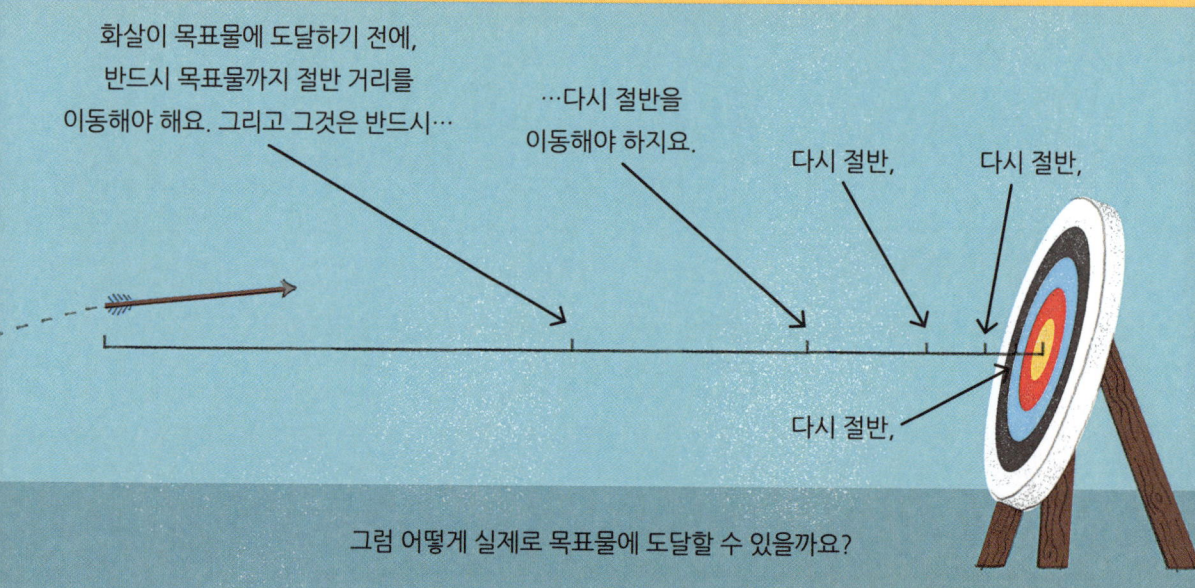

화살이 목표물에 도달하기 전에, 반드시 목표물까지 절반 거리를 이동해야 해요. 그리고 그것은 반드시…

…다시 절반을 이동해야 하지요.

다시 절반,

다시 절반,

다시 절반,

그럼 어떻게 실제로 목표물에 도달할 수 있을까요?

네가 생각을 할 때, 너의 생각들은 언어를 사용해서 만들어졌을까? 아니면 어떤 생각들은 언어 없이도 가능할까?

언어 없이도 가능하다고 *생각해*. 그런데 언어를 사용하지 않고는 그 생각들을 설명할 수 없네. 이건 말도 안 돼!

주황색은 언제…

…노란색이 되는 걸까요?

낱말 풀이

다음은 이 책에 나온 주요한 단어들의 뜻을 설명한 거예요. *이탤릭체*로 쓰인 단어는 이 낱말 풀이 안에 설명되어 있는 단어라는 것을 의미해요.

객관적인 어느 누구의 관점과도 전혀 관계없이 독립하여 존재한다고 생각되는 상태.

건전하지 않은 논증 *전제*가 모두 사실이 아니거나, *결론*이 전제에 의해 *논리적*으로 도출되지 않는 *논증*.

건전한 논증 *전제*가 참이고, 그 결론이 *논리적*으로 도출된 *논증*.

결론 전제를 따라 나오는 *논증*의 결과.

결정론 자연 법칙과 우주가 시작되었을 때의 상태에 근거하여, 일어나는 모든 일을 예측할 수 있다는 믿음.

귀납 추론 과거의 경험을 바탕으로 일반적인 *결론*을 이끌어 내는 방식.

논리 *논증*이 타당하다는 것을 시험하기 위한 공식 체계.

논리적 일련의 생각이나 믿음이 서로를 지지하는 상태.

논증 일련의 *전제*를 바탕으로, 특정한 *결론*에 도달하려는 시도.

도덕 사회에서 대부분의 사람들이 좋거나 적절하다고 생각하는 행동이나 행동 방식.

동일성 사물이나 사람을 그 자체로 만드는 것.

무한후퇴 견고한 기초가 없이 항상 어떤 주장의 *정당화*에 의지하는 논증.

미학 아름다움과 예술에 관한 학문.

부당한 논증 명시된 *전제*를 *논리적*으로 따르지 않는 *결론*을 가지는 논증.

순환 논증 *결론*이 참이라고 가정하고 *전제*를 시작하는 논증.

역설 사실인 것처럼 보이지만, 그 자체가 모순되는 명제.

연역 추론 오로지 *논리*에 근거하여 *결론*에 도달하는 방식.

온정주의 사람들의 이익을 위해 어느 정도의 자유를 제한하는 규칙을 정하는 것.

윤리학 옳고 그름, 선과 악, 의무와 책임에 대한 학문.

의미 단어가 사람에 따라 어떻게 사용되고 이해되고 있는지에 관한 것으로 말이나 글의 뜻, 또는 사물의 가치를 뜻함.

일관된 일련의 주장이 서로 모순되지 않는 상태.

자유 의지 다른 것을 선택하는 대신 어느 한 가지를 선택할 수 있는 능력.

전제 사실이라고 주장하는 명제.

정당성 정치학에서, 사람들이 동의하여 그렇게 될 권리를 가지는 것.

정당화 어떤 것이 왜 그런지에 대한 설명.

주관적 오직 한 사람의 관점과 관련 있는 상태.

타당한 논증 *결론*이 *전제*를 *논리적*으로 따르는 논증.

회의론 어느 것도 확실하게 알 수 없다는 관점을 취하는 것.

유명한 철학자들

이 책에서 우리는 많은 철학자들의 생각을 살펴보았어요. 각 장에 소개된 철학자들을 아래에 정리했어요. 많은 철학자들이 여러 장에 반복되어 등장하기도 했어요.

철학이 뭐예요?
데이비드 흄(스코틀랜드, 1711~1776)
소크라테스(아테네, BC 470~400경)

우리는 어떻게 지식을 얻을까요?
알 가잘리(셀주크 제국, 1053~1111)
조지 버클리(아일랜드와 잉글랜드, 1685~1753)
르네 데카르트(프랑스와 네덜란드, 1596~1650)
고트로브 프레게(독일, 1848~1925)
에드먼드 게티어(미국, 1927~현재)
버트런드 러셀(영국, 1872~1970)

마음이 있다는 건 무엇을 의미할까요?
보헤미아의 엘리자베스(독일의 작센 지방, 1618~1680)
르네 데카르트(프랑스와 네덜란드, 1596~1650)
힐러리 퍼트넘(미국, 1926~2016)

아름다움이란 무엇일까요?
알렌 골드만(미국, 1945~현재)
임마누엘 칸트(독일, 1724~1804)
플라톤(아테네, BC 425~370경)
존 러스킨(잉글랜드, 1819~1900)

신은 존재할까요?
안셀무스(잉글랜드, 1030~1100경)
히포의 아우구스티누스(북아프리카, 354~430)
블레즈 파스칼(프랑스, 1623~1662)

어떤 정치가 가장 좋은 걸까요?
토마스 홉스(잉글랜드, 1588~1679)
한나 아렌트(독일과 미국, 1906~1975)
존 로크(잉글랜드, 1632~1704)
카를 마르크스(독일과 영국, 1818~1883)

존 스튜어트 밀(영국, 1806~1873)
메리 워노크(영국, 1924~2019)

어떻게 사는 것이 옳을까요?
아리스토텔레스(아테네, BC 385~320경)
제러미 벤담(영국, 1748~1832)
공자(중국, BC 550~475경)
필리파 푸트(영국, 1920~2010)
임마누엘 칸트(독일, 1724~1804)
쇠렌 키르케고르(덴마크, 1813~1855)
존 스튜어트 밀(영국, 1806~1873)
주디스 자비스 톰슨(미국, 1929~현재)

시간이란 무엇일까요?
보헤미아의 엘리자베스(독일의 작센 지방, 1618~1680)
존 맥타가르트(영국, 1866~1925)
버나드 윌리엄스(영국, 1929~2003)

논리와 언어에 규칙이 있을까요?
롤랑 바르트(프랑스, 1915~1980)
노암 촘스키(미국, 1928~현재)
자크 데리다(알제리와 프랑스, 1930~2004)
고트로브 프레게(독일, 1848~1925)
데이비드 흄(스코틀랜드, 1711~1776)
버트런드 러셀(영국, 1872~1970)
루드비히 비트겐슈타인(오스트리아와 영국, 1889~1951)

삶의 의미는 무엇일까요?
석가모니, 고타마 싯다르타(인도, BC 480~400경)
장 폴 사르트르(프랑스, 1905~1980)
시몬 드 보부아르(프랑스, 1908~1986)

찾아보기

ㄱ

가능성 38, 60~61, 107
가치 77
객관성 43, 44, 46~47
거짓말쟁이의 역설 102~103
결과 6, 11, 59, 63, 67, 71, 82~83, 84, 89, 90, 93, 97, 124
결론 10~11, 23, 31, 55, 105, 106~107, 121, 124
결정론 36, 38~39, 124
경찰 74~75
경험 98~99
고통 33, 35
공리주의 81~83
권리 5, 77, 83, 87, 90
귀납 추론 107
규칙 73~75
기능주의 34~35
기쁨 47
기억 98~99
기초 믿음 22
기회 27, 71

ㄴ

논리 10~11, 56, 105
논증 8~11, 15, 106, 121
뇌 14, 28, 33~35, 96~97, 99

ㄷ

덕 윤리 85
데이비드 흄 107
도덕 규칙 78~79, 86
도덕 상대주의 86
도덕률 77, 78, 80

동물 ~ ㄹ

동물 5, 11, 22, 33, 35, 51, 80, 119
동일성 93~99
동일성 이론 33

ㄹ

로봇 14, 35, 123

ㅁ

마르셀 뒤샹 50
마음 30~33, 96, 98
맥타가르트 100~101
모순 23, 56, 100~101, 103, 108, 124
무한 회귀 20
미세 조정된 우주 60~61
미학 7, 41~51

ㅂ

법 72~75, 91
변화 94~95
불가능 21, 27, 35, 43, 46, 56~57, 63, 70, 72, 102, 108, 110
블레즈 파스칼 63

ㅅ

사고 실험 12~13, 33, 61, 66, 96~97, 99
사유 재산 66~67
사형 90, 123
사회 14, 65~68, 72, 75
사회 계약 75
상식 19, 31, 100
선 58~59, 77~91
세인트 어거스틴 101
소크라테스 9, 115
순환 21, 99, 101, 124
스티븐 호킹 103
시간 93, 100~101
시간 여행 102~103

시간 여행의 역설 55~57
신 5, 6, 52~63, 80
심리 철학 28~39
심신 문제 32~33

ㅇ

아름다움 41~51
악 58~59
악의 문제 57~59
앤디 워홀 50
언어 37, 105, 109~111
엘빈 골드만 27
역설 55~57, 102~103, 108
연역 추론 106, 124
예술 5, 7, 40~51
온정주의 72~73, 124
외계인 5, 33, 35
욕구 32~35
우주론적 증명 63
윤리학 77~91
의료 윤리 91
의무론 81, 84
이타적 81
인과 고리 102
일관적 23
임마누엘 칸트 46

ㅈ

자유 7, 39, 72~73, 118
자유 의지 7, 36~39, 59, 124
전능 54~58
전능 역설 102~103
전쟁 91
전제 10~11, 55, 105, 106
절대주의 87
정당성 74~75
정당화된 참된 믿음 21, 25, 26

정부 5, 7, 65, 67, 73~75
정의 36~37
정치 이론 65~75
존재론적 증명 62
종교적 경험 63
주관적 43, 45
지식 17~27
지식 이론 24~27
지식 인과론 26~27
진실 108
진화 60

ㅋ

캔터베리의 안셀무스 62
컴퓨터 18~19, 23, 34, 97, 99

ㅌ

타당성 11, 106, 124
토대주의 22
통 속의 뇌 12, 18~19, 23

ㅍ

평등 68~71
평행 우주 103
플라톤 47

ㅎ

할아버지 역설 122, 124
행복 39, 48, 63, 70, 82~83, 88, 120
행위 51, 61, 103, 123
행위 예술 51
확실성 106, 107
황금 비율 44
회의적 논증 18~19, 21

만든 사람들

조던 악포자로, 레이첼 퍼스, 미나 레이시 글

닉 래드퍼드 그림

송지혜 옮김

프레야 해리슨 디자인

알렉스 카이저만 (옥스퍼드대 교수) 감수

제인 치즘 시리즈 편집

스티븐 몽크리프 시리즈 디자인

어스본 출판사는 어스본 바로가기에서 추천하는 웹사이트들을 규칙적으로 확인하고 있습니다. 하지만 추천 웹 사이트 외에 다른 웹 사이트의 내용에 대해서 책임지지 않습니다. 다른 추천 사이트들을 살펴보다가 바이러스에 걸릴 경우, 어스본 출판사는 피해에 대해 책임지지 않습니다.

한국어판 1판 1쇄 펴냄 2020년 9월 1일 | 1판 4쇄 펴냄 2021년 5월 31일
옮김 송지혜 편집 박희정 디자인 황혜련 펴낸곳 (주)비룡소인터내셔널 전화 02)6207-5007 팩스 02)515-2007
한국어판 저작권 ⓒ 2020 Usborne Publishing Ltd.
영문 원서 Philosophy for beginners 1판 1쇄 펴냄 2020년
글 조던 악포자로 외 그림 닉 래드퍼드 디자인 프레야 해리슨 감수 알렉스 카이저만
펴낸곳 Usborne Publishing Ltd. usborne.com
영문 원서 저작권 ⓒ 2020 Usborne Publishing Ltd.
이 책의 영문 원서 저작권과 한국어판 저작권은 Usborne Publishing Ltd.에 있습니다.
저작권법에 의하여 한국 내에서 보호를 받는 저작물이므로 무단전재와 복제를 금합니다.
어스본 이름과 풍선 로고는 Usborne Publishing Ltd.의 트레이드 마크입니다.
*이 책에는 네이버 나눔글꼴을 사용하였습니다.